AUTORE

Arturo Giusti, nato il (25 Marzo 2001) è appassionato di mezzi corazzati, veicoli logistici e improvvisati fin dalla fanciullezza ed è entrato nell'ambito dello studio solo nel 2018 scrivendo per la rivista online Tank Encyclopedia nella quale ha all'attivo più di 80 articoli, soprattutto incentrati sui veicoli italiani.

Da poco ha iniziato a collaborare con la rivista Storia Militare per cui ha pubblicato nel dicembre 2023 un articolo inerente all'evoluzione della componente corazzata nordcoreana fino al 1990.

PUBLISHING'S NOTES

None of unpublished images or text of our book may be reproduced in any format without the expressed written permission of Luca Cristini Editore (already Soldiershop.com) when not indicate as marked with license creative commons 3.0 or 4.0. Luca Cristini Editore has made every reasonable effort to locate, contact and acknowledge rights holders and to correctly apply terms and conditions to Content.

Every effort has been made to trace the copyright of all the photographs. If there are unintentional omissions, please contact the publisher in writing at: info@soldiershop.com, who will correct all subsequent editions.

Our trademark: Luca Cristini Editore©, and the names of our series & brand: Soldiershop, Witness to war, Museum book, Bookmoon, Soldiers&Weapons, Battlefield, War in colour, Historical Biographies, Darwin's view, Fabula, Altrastoria, Italia Storica Ebook, Witness To History, Soldiers, Weapons & Uniforms, Storia etc. are herein © by Luca Cristini Editore.

LICENSES COMMONS

This book may utilize part of material marked with license creative commons 3.0 or 4.0 (CC BY 4.0), (CC BY-ND 4.0), (CC BY-SA 4.0) or (CC0 1.0). We give appropriate attribution credit and indicate if change were made in the acknowledgments field. Our WTW books series utilize only fonts licensed under the SIL Open Font License or other free use license.

For a complete list of Soldiershop titles please contact Luca Cristini Editore on our website: www.soldiershop.com or www.cristinieditore.com. E-mail: info@soldiershop.com

▲ Camionetta SPA-Viberti AS43 con telo impermeabile.

Titolo: LE CAMIONETTE DELLA REPUBBLICA SOCIALE ITALIANA 1943 - 1945 Code.: WTW-055 IT
Di Arturo Giusti
ISBN code: 9791255890669 prima edizione gennaio 2024
Lingua: Italiano; dimensione: 177,8x254mm Cover & Art Design: Luca S. Cristini

WITNESS TO WAR (SOLDIERSHOP) is a trademark of Luca Cristini Editore, via Orio, 33D - 24050 Zanica (BG) ITALY.

WITNESS TO WAR

LE CAMIONETTE DELLA REPUBBLICA SOCIALE ITALIANA 1943 - 1945

PHOTOS & IMAGES FROM WORLD WARTIME ARCHIVES

ARTURO GIUSTI

BOOKS TO COLLECT

INDICE

Breve Storia delle Camionette Italiane .... pag. 5

Servizio nella Repubblica Sociale Italiana .... pag. 21

    Carrozzeria Speciale su SPA-Viberti AS43 .... pag. 23

    Camionetta SPA-Viberti AS43 Autoprotetta .... pag. 40

    Camionetta SPA-Viberti AS43 Blindata .... pag. 51

    SPA-Viberti AS43 Ambulanza Scudata .... pag. 53

    Il Gruppo Arditi Camionettisti Italiani .... pag. 59

    Le Camionette della Polizia dell'Africa Italiana .... pag 73

    Transportkorps Speer e Luftwaffe .... pag 81

    Le Camionette Partigiane .... pag 83

Ringraziamenti .... pag 96

Bibliografia .... pag 97

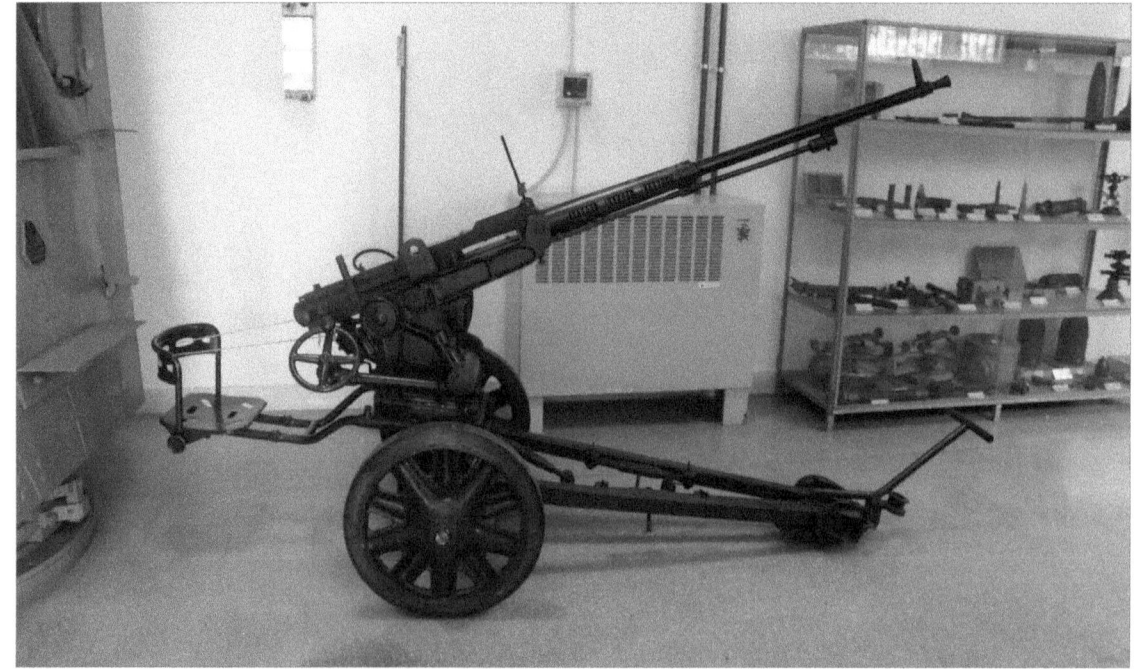

▲ Un Cannone-Mitragliera Scotti-Isotta Fraschini da 20/70 Modello 1941 esposto al Museo Tecnico Navale La Spezia nel 2020. La Scotti-Isotta Fraschini aveva le medesime caratteristiche della Breda e sparava le medesime munizioni, semplificando la catena logistica del Regio Esercito. (Autore)

BREVE STORIA DELLE CAMIONETTE ITALIANE

Le iconiche camionette desertiche italiane nacquero dalla necessità del *Comando del Sahara Libico* di contrastare, nei primi mesi del 1941, il Long Range Desert Group[1] (LRDG) britannico.

I primi modelli di camionette furono dei semplici autocarri desertici FIAT-SPA AS37[2] armati con mitragliatrici di provenienza aeronautica Breda-SAFAT e *Cannoni-Mitragliere Breda da 20/65 Modello 1935* caricate sui pianali[3] con lo scopo di intercettare le pattuglie del LRDG.

Dopo i primi scontri con le pattuglie britanniche nel deserto libico il *Regio Esercito* intuì le necessità di sviluppare veicoli per la ricognizione a lunga portata e per contrastare, con veicoli similari, le camionette britanniche che il *Comando del Sahara Libico* richiedeva da tempo.

L'Alto Comando del Regio Esercito ne prevedeva la produzione per equipaggiare il 10° Reggimento Arditi che venne creato il 26 Aprile 1942[4]. Al Dicembre dello stesso anno, venne prevista anche l'adozione delle camionette da speciali nuclei da costituirsi nelle guarnigioni tra Tunisi e Tripoli. Tali nuclei avevano il compito di scortare colonne, pattugliare le aree a loro assegnate e difendere le basi da incursioni delle truppe del Commonwealth dal Chad francese o dall'Egitto.

Tali nuclei erano equipaggiati, tra le altri veicoli, di 2 camionette con cannoni-mitragliere Breda da 20/65 Modello 1935, 2 camionette con cannoni da 47/32 Modello 1935 e 4 con mitragliatrici per fornire un adeguato ed eterogeneo fuoco di soppressione e supporto in caso di scontro con il nemico[5].

Il primo progetto di tali veicoli sviluppato e prodotto in Italia fu la *Camionetta Desertica SPA-Viberti AS42 'Sahariana'* costruita sulla meccanica dell'*Autoblinda AB41*[6].

La *Camionetta Desertica SPA-Viberti AS42 'Sahariana'* mantenne lo stesso telaio ed il motore dell'autoblinda.

Per semplificare la produzione, alleggerire il peso e diminuire i costi, venne rimossa la doppia guida, superflua sulle camionette, e lo sterzo venne limitato alle sole ruote anteriori mantenendo però la trazione integrale.

Il motore a benzina FIAT-SPA ABM 2 a 6 cilindri, in linea, da 4'994 cm^3, erogante 88 hp

---

1 L'unità era specializzata in ricognizione a lungo raggio, raccolta di informazioni e navigazione nel deserto. Ben armata e con soldati ben addestrati, riusciva a portare a termine missioni molto pericolose all'interno delle linee dell'Asse.
2 Gli Autocarri Sahariani (AS) FIAT-SPA AS37 erano autocarri leggeri sviluppati dalla FIAT in collaborazione con la SPA sul telaio del trattore d'artiglieria FIAT-SPA TL37 appositamente per l'impiego desertico.
3 R. H. Romain, *Il Sahara Italiano nella Seconda Guerra Mondiale*, Roma, Stato Maggiore dell'Esercito, Ufficio Storico, 2011, op. cit. in bibliografia.
4 All'epoca ancora su due battaglioni.
5 N. Pignato, F. Cappellano, *Gli Autoveicoli da Combattimento dell'Esercito Italiano (1940-1945), Tomo I, Volume Secondo*, Roma, USSME, 2002 pag. 446, op. cit. in bibliografia.
6 L'*Autoblinda AB41* fu probabilmente il veicolo più di successo prodotto ed impiegato dal *Regio Esercito* durante il Secondo Conflitto Mondiale. Sviluppata dall'AB40, venne prodotta in 667 esemplari ed usata su tutti i fronti della guerra.

garantiva una velocità massima di 84 km/h su strada, una velocità più che adeguata per un veicolo da 6 tonnellate in ordine di combattimento. L'autonomia, grazie al serbatoio di 145 litri era di 535 km su strada e circa 350 km su terreno vario.

La caratteristica carrozzeria della camionetta fu sviluppata e realizzata dalle Officine Viberti[7] di Torino con un totale di venti taniche di benzina da 20 litri erano trasportate in quattro file da cinque taniche ai lati del veicolo[8] e garantivano un'autonomia complessiva di oltre 2'000 km permettendo ai veicoli di svolgere missioni di ricognizione ben oltre le linee italiane in Africa. Altri 2 supporti sui parafanghi anteriori trasportavano quattro taniche per l'acqua potabile[9].

Per gli apparati radio, le *Camionette Desertiche SPA-Viberti AS42 'Sahariane'* erano equipaggiate con una stazione ricetrasmittente TXO-OC3 prodotta dalla Società Anonima John Geloso di Milano. Tale stazione, compatta ed affidabile, aveva il pregio di poter essere trasportata in una valigia da viaggio e quindi essere facilmente trasportata sulle camionette. Tale apparecchiatura radio, era sviluppata dalla stazione SE 92/3 tedesca da cui differenziava per le valvole, a riscaldamento indiretto con accensione a 6,3 Volt.

La stazione ricetrasmittente TXO-OC3 aveva una portata di quasi 200 km ad onde dirette. Con il prosieguo della guerra venne anche testata la stazione radio RN5 da equipaggiare sui veicoli comando, ma a causa dei ritardi e dell'Armistizio dell'8 Settembre 1943, le camionette non vennero mai equipaggiate con tale stazione.

L'armamento primario era sistemato in un supporto a candeliere universale nel centro del telaio che poteva essere equipaggiato con un *Cannone-Mitragliera Breda da 20/65 Modello 1935* con un tiro utile di circa 2'500 metri contro bersagli aerei e 5'000 metri contro bersagli terrestri. L'arma era alimentata da clip da 12 colpi e aveva una velocità alla volata di 840 m/s. Anche il *Cannone da 47/32 Modello 1935* con una gittata massima di 7'000 metri ed una velocità alla volata di 630 m/s con proiettili perforante poteva essere montata sul supporto. In alternativa le camionette potevano essere armate con un fucile anticarro di produzione svizzera Solothurn S-18/1000[10] da 20 mm con una gittata paragonabile a quella del cannone-mitragliera Breda ed alimentato da caricatori amovibili da 10 colpi. Un totale di 3 supporti per mitragliatrici medie[11] potevano essere montati: due sul retro e uno anteriormente sulla destra del conducente. Tutte le armi avevano un campo di tiro di 360° permettendo al veicolo di aprire il fuoco in qualsiasi direzione con più armi contemporaneamente. Nonostante la presenza dei tre supporti, non era pratica comune trasportare più di due armi a bordo, probabilmente per la penuria di mitragliatrici tra le file italiane durante tutta la Campagna dell'Africa Settentrionale.

---

7 Le Officine Viberti era un'azienda specializzata nel carrozzare veicoli (prevalentemente camion), nella produzione di rimorchi e autobotti. Lo stabilimento, con 1'517 operai e 263 impiegati nel 1943, occupa una superficie di 70'000 m² nell'isolato tra Corso Peschiera, Corso Trapani, Corso Monte Cucco e Via Lorenzo Delleani.
8 In varie fonti si riporta come, gli equipaggi trasportassero altre taniche nel vano di combattimento per incrementare la già lunghissima autonomia.
9 Nelle immagini dell'epoca si possono distinguere le taniche per l'acqua potabile grazie alle nervature laterali dipinte di bianco. Molto più rare invece, erano le taniche per il trasporto di olio lubrificante, con le nervature di colore nero.
10 Il fucile anticarro Solothurn S-18/1000 venne acquistato dal *Regio Esercito* a partire dal 1940. Nel servizio italiano era meglio conosciuto come Carabina 'S', e dal 1942, come Fucile Anticarro 'S'.
11 Le immagini ci suggeriscono come la *Mitragliatrice Media Breda Modello 1937* fosse l'arma standard, ma non mancano esemplari di *Camionette Desertiche SPA-Viberti AS42* armate di *Breda Modello 1938* o di *Vickers K* catturata al LRDG.

La riserva di munizioni consisteva in 1'200 colpi da 20 mm per i cannoni-mitragliera o 350 colpi da 47 mm[12] non sono invece disponibili dati sulle munizioni per il Solothurn S-18/1000 e per le mitragliatrici di bordo.

Il prototipo della *Camionetta Desertica SPA-Viberti AS42* venne presentato al Centro Studi ed Esperienze della Meccanizzazione di Roma il 9 Luglio 1942 e dopo i test venne adottata solamente nel Dicembre 1942[13].

Il successo della *Camionetta Desertica SPA-Viberti AS42 'Sahariana'* fu senza precedenti, il veicolo si dimostrò adatto ai combattimenti contro le truppe britanniche potendo, grazie alla sua autonomia, inseguire le unità di ricognizione e sabotaggio britanniche che venivano avvistate, e a loro volta compiere missioni d'infiltrazione dietro le linee nemiche.

La produzione totale del veicolo è assai incerta, fonti militari riportano un ordine di 120 esemplari di cui però è sconosciuto il numero totale prodotto e consegnato[14].

Purtroppo l'eccellenza ha sempre un costo molto elevato, e l'AS42 non faceva eccezione. Oltretutto, per ogni *Camionetta Desertica SPA-Viberti AS42* che veniva prodotta, un telaio veniva sottratto dalle catene di montaggio diminuendo la produzione delle altresì preziose *Autoblinde AB41*.

La FIAT e la SPA iniziarono quindi a sviluppare un veicolo sulla base di un prototipo sviluppato dal *Comando del Sahara Libico*, sul telaio dell'autocarro desertico FIAT-SPA AS37[15]. Il veicolo avrebbe avuto un costo più contenuto rispetto alle AS42 e non avrebbe inficiato la produzione delle autoblinde. Il progetto iniziò ad Ottobre 1942, venne ribassato[16] e rinforzato il telaio dell'AS37, modificato il motore e, ovviamente, cambiata la carrozzeria, sempre prodotta dalle Officine Viberti.

Il nuovo veicolo venne presentato a Gennaio 1943, rinominato *Camionetta Desertica SPA-Viberti AS43* e testato al Centro Studi ed Esperienze della Meccanizzazione.

L'armamento era composto da un *Cannone da 47/32 Modello 1935* o *Cannone-Mitragliera Breda da 20/65 Modello 1935* montato su supporto a 360° al centro del pianale posteriore ed una *Mitragliatrice Media Breda Modello 1937* su supporto a collo d'oca anteriore, azionata dal comandante.

Prima dell'inizio della produzione di massa della nuova camionetta però, la Campagna dell'Africa Settentrionale era nelle sue drammatiche fasi finali e per non perdere la commessa, le camionette vennero modificate per impiego nella madrepatria[17] in accordo con il *Regio Esercito* perdendo il termine "Desertica" e diventando la *Camionetta SPA-Viberti AS43*.

---

12 N. Pignato, F. Cappellano, *Gli Autoveicoli da Combattimento dell'Esercito Italiano (1940-1945), Tomo I, Volume Secondo*, Roma, USSME, 2002 pag. 447-448, op. cit. in bibliografia.

13 N. Pignato, F. Cappellano, *Gli Autoveicoli da Combattimento dell'Esercito Italiano (1940-1945), Tomo I, Volume Secondo*, Roma, USSME, 2002 pag. 448, op. cit. in bibliografia.

14 E. Finazzer e L. Carretta, *Le Camionette del Regio Esercito*, Trento, Gruppo Modellistico Trentino, 2014, pag 18, riporta l'immatricolazione di un totale di *"un ottantina"* di AS42 e che i bombardamenti del Novembre 1942 distrussero *"diverse decine di camionette"* prima dell'immatricolazione.

15 Nella tarda estate del 1942 il *Comando del Sahara Libico* presentò al Centro Studi ed Esperienze della Motorizzazione un esemplare di Autocarro Sahariano FIAT-SPA AS37 convertito in camionetta. N. Pignato, F. Cappellano, *Gli Autoveicoli da Combattimento dell'Esercito Italiano (1940-1945), Tomo I, Volume Secondo*, Roma, USSME, 2002 pag. 452, op. cit. in bibliografia.

16 La luce libera passò da 390 mm a 345 mm. E. Finazzer e L. Carretta, *Le Camionette del Regio Esercito*, Trento, Gruppo Modellistico Trentino, 2014, pag. 18, op. cit. in bibliografia.

17 Rispetto al progetto originale, vennero rimossi gli organi di sterzo nell'asse posteriore e semplificata la carrozzeria rimuovendo due rastrelliere laterali per 5 taniche l'una, sostituite con due armadietti porta munizioni.

Il nuovo veicolo era motorizzato con un motore a benzina, SPA 18VT 4ª Variante, in linea, quattro cilindri, raffreddato ad acqua, a quattro tempi, erogante una potenza massima di 75 hp a 2'000 giri al minuto. Il motore era una versione migliorata dello SPA Tipo 18TL montato sul trattore d'artiglieria TL37 e sulle sue varianti. Il cambio era a 5 marce più retromarcia e garantiva una velocità massima di 68,5 km/h. L'autonomia era di 750 km grazie a 240 litri di carburante in due serbatoi laterali non protetti. Grazie alle 6 taniche trasportabili[18] l'autonomia massima raggiungeva i 1'120 km. La riserva delle munizioni era composta da 960 colpi da 20 mm in 80 lastrine: 36 in quattro rastrelliere sistemate sul fondo del pianale posteriore mentre le restanti 48 erano divise nei due armadietti laterali. In alternativa, il cannone da 47 mm aveva una riserva di 160 colpi, 60 nelle rastrelliere sul pianale e 50 per ogni armadietto laterale. Per l'armamento secondario erano presenti 100 lastrine da 20 colpi sistemate in una rastrelliera tra il comandante ed il conducente e in due rastrelliere poste sopra gli armadietti laterali[19]. Il nuovo ordinamento del 12 Agosto 1943[20] prevedeva che le Camionette *SPA-Viberti AS43* e le *SPA-Viberti AS42 'Metropolitane'* venissero impiegate nei nuovi ruoli anti sbarco anfibio e anti paracadutisti.

Come per le AS43, le *Camionette Desertiche SPA-Viberti* AS42 'Sahariane' vennero modificate per impiego continentale. Le modifiche comprendevano la rimozione di una fila di taniche su ciascun lato della carrozzeria, sostituendole con un'enorme cassa metallica per stipare munizioni dell'armamento principale. Questa modifica venne apportata perché in madrepatria le camionette non avevano la necessità di operare a centinaia di chilometri dalle basi di partenza. Il modello 'Metropolitano' viene anche talvolta chiamato 'Sahariana II' o 'Tipo II'. Alcune *AS42 'Sahariane'* che non fecero in tempo ad essere inviate in Africa Settentrionale vennero impiegate nei nuovi ruoli assegnati in Sicilia con risultati modesti. Le *Camionette SPA-Viberti AS43* vennero ordinate in 180 esemplari, ma quelle prodotte e consegnate prima dell'Armistizio furono soltanto 23 delle quali 8 consegnate al *Deposito del 1° Reggimento Fanteria Carrista* di Vercelli tra il 28 e 29 Luglio 1943[21], 7 al *Deposito del 4° Reggimento Fanteria Carrista* di Roma il 4 Agosto 1943[22] e le ultime 8 al *Deposito 33° Reggimento Fanteria Carrista* di Parma in due lotti il 4 ed il 14 Agosto 1943.

Le Officine Viberti confermano la produzione totale di 167 o 169 esemplari più 13 esemplari prodotti secondo specifiche tedesche[23]. Gli ultimi esemplari vennero consegnati alla

---

18 Sui parafanghi erano posizionati 2 supporti da 2 taniche posteriori e 2 supporti singoli anteriori.
19 R. A. Riccio, *Italian Tanks and Combat Vehicles of World War II*, Mattioli, 2010 pag. 252, op. cit. in bibliografia.
20 Circolare Tipo: 'Documento n.5500/A', oggetto: *Concetti Fondamentali ai quali deve essere Informato l'Impiego delle Compagnie Camionette ed il loro Addestramento*, redatto dal Generale di Corpo d'Armata e Ispettore delle Truppe Motorizzate e Corazzate Augusto de Pignier, tratto da N. Pignato, F. Cappellano, *Gli Autoveicoli da Combattimento dell'Esercito Italiano, Tomo II Volume II*, Roma, USSME, 2002, pag. 889 - 891, op. cit. in bibliografia.
21 Era in previsione a Vercelli, la creazione della *1ª Compagnia Camionette da 20 mm* da costituirsi entro il 10 Giugno 1943. 'Documento N.40', *Costruzione di una Compagnia Camionette*, tratto da N. Pignato, F. Cappellano, *Gli Autoveicoli da Combattimento dell'Esercito Italiano (1940-1945), Tomo II, Volume Secondo*, Roma, USSME, 2002, pag 886, op. cit. in bibliografia.
22 A Roma era presente, alla data dell'Armistizio, la *2ª Compagnia Camionette da 20 mm*. Possiamo quindi desumere che la compagnia di Parma si chiamasse *3ª Compagnia Camionette da 20 mm*.
23 E. Finazzer e L. Carretta, *Le Camionette del Regio Esercito*, Trento, Gruppo Modellistico Trentino, 2014, pag. 21, op. cit. in bibliografia.

Polizia di Stato dalle Officine Viberti in due lotti separati nel Gennaio 1946[24].

L'ultimo e meno noto modello di camionetta fu la *Camionetta Desertica Modello 1943* che di desertico però aveva solo il nome e non l'impiego. Tale modello di camionetta venne sviluppato e modificato dal per iniziativa del *Centro Studi ed Esperienze della Motorizzazione* per equipaggiare il *Battaglione d'Assalto Motorizzato*[25] e prodotto in un numero limitatissimo di esemplari agli inizi del 1943. Per la produzione il *Centro Studi ed Esperienze della Motorizzazione* procedette modificando alcuni FIAT-SPA AS37 rimuovendo parte della cabina di guida, le portiere e il parabrezza. Il veicolo aveva come armamento principale un *Cannone-Mitragliera Breda da 20/65 Modello 1935*, e come armamento secondario una *Mitragliatrice Media Breda Modello 1937* azionata dal comandante. Dalle poche foto reperite del veicolo, la mitragliatrice aveva un mirino a reticolo antiaereo e un calcio metallico per attutire il rinculo. Il mirino e il calcio erano la normale dotazione della mitragliatrice e sembra che tali camionette furono gli unici ad averli utilizzati in servizio.

▲ *Camionette SPA-Viberti AS43* pronte per la consegna ai reparti. Si nota chiaramente la mimetica a tre toni e l'assenza di armamento e targhe. Il secondo veicolo della fila è equipaggiato con pneumatici *Pirelli Tipo 'Artiglio'* mentre gli altri tre veicoli sono dotati di *Pirelli Tipo 'Sigillo Verde'*. (Per gentile concessione di Daniele Guglielmi via Enrico Finazzer)

---

24 N. Pignato, F. Cappellano, *Gli Autoveicoli da Combattimento dell'Esercito Italiano*, Tomo II Volume II, Roma, USSME, 2002, pag. 455, op. cit. in bibliografia.
25 Il *Battaglione d'Assalto Motorizzato* nacque dallo scioglimento del *Raggruppamento 'Frecce Rosse'*. Prima dell'Armistizio aveva in servizio 24 *Camionette SPA-Viberti AS42 'Metropolitane'* e 11 *Camionette Desertiche Modello 1943*.

▲ Vista frontale di una *Camionetta Desertica SPA-Viberti AS42 'Sahariana'* con parabrezza coperto da telo impermeabile. Il veicolo è pronto per la consegna, ovviamente disarmato è privo di treppiede per la mitragliatrice. (Per gentile concessione di Claudio Pergher via Enrico Finazzer)

▼ Il medesimo veicolo visto posteriormente e senza telo sul parabrezza. Anche le targhe, come l'armamento erano aggiunte dopo la consegna all'esercito. Il veicolo è dotato di pneumatici *Pirelli Tipo 'Raiflex'*. (Per gentile concessione di Claudio Pergher via Enrico Finazzer)

▲ Un altro scatto della *Camionetta Desertica SPA-Viberti AS42 'Sahariana'* coperta dal telo impermeabile. Mancano le parti laterali del telo. Le immagini della serie furono scattate all'interno degli stabilimenti delle Officine Viberti di Torino come si può anche notare dalla presenza di rimorchi pronti per la consegna. (Per gentile concessione di Claudio Pergher via Enrico Finazzer)

▼ Una *Camionetta SPA-Viberti AS42 'Metropolitana'* completamente coperta dal telo mimetico ed equipaggiata con pneumatici *Pirelli Tipo 'Artiglio'*. La scatola porta munizioni sulla fiancata è il modo più semplice per distinguere i due modelli di camionetta. (Per gentile concessione di Claudio Pergher via Enrico Finazzer)

▲ Interno della *Camionetta Desertica SPA-Viberti AS42 'Sahariana'* priva di armamento e con parabrezza abbassato. La piastra tagliafiamme tra il vano motore e il vano di combattimento è rimossa rendendo visibili i serbatoi dell'acqua di raffreddamento e dell'olio lubrificante (invariati dalle autoblinde AB). (Per gentile concessione di Claudio Pergher via Enrico Finazzer)

▼ Un'altra immagine delle medesime camionette pronte per la consegna. Si notino la scudatura dotata di vetro antiproiettile per il conducente e la manovella di avviamento posta sul paracarri. Entrambe le immagini furono scattate all'interno dello stabilimento SPA di Torino. (Per gentile concessione di Daniele Guglielmi via Enrico Finazzer)

▲ Autoblinda AB41 avanza nel Deserto Libico durante la Campagna d'Africa Settentrionale. L'autoblinda e le camionette SPA-Viberti AS42 condividevano il medesimo telaio. In questa magnifica immagine si nota il coprimozzo con il logo SPA e la stampigliatura Pirelli sulla spalla dello pneumatico Tipo 'Libia'. (Archivio Centrale dello Stato)

▼ Un'altra immagine di Autoblinda AB41 che solca il mare delle dune Marmarico durante la Campagna d'Africa Settentrionale. Il veicolo apparteneva al *III° Gruppo Corazzato 'Nizza'* che operò nei ranghi della *132ª Divisione Corazzata 'Ariete'*. Estate 1942. (Archivio Centrale dello Stato)

▲ Una delle camionette realizzate dal Comando del Sahara Libico durante la Campagna d'Africa Occidentale. Si tratta di un autocarro FIAAT-SPA AS37 convertito in camionetta desertica con la rimozione di alcune parti della carrozzeria e l'adozione di un Cannone da 47/32 Modello 1935 nel pianale di carico. Dietro alla camionetta improvvisata, si notano due Camionette Desertiche SPA-Viberti AS42 'Sahariane'. (USSME)

▼ Un Cannone-Mitragliera Breda da 20/65 Modello 1935 posizionato su un monte ellenico durante la Campagna Greca. (Archivio Centrale dello Stato)

▲ Artiglieri italiani probabilmente in posa per la troupe dell'Istituto Luce azionano un Cannone-Mitragliera Breda da 20/65 Modello 1935. Fronte Greco, Inverno 1941. (Archivio Centrale dello Stato)

▼ Un servente posiziona una lastrina da 12 colpi per un altro Cannone-Mitragliera Breda da 20/65 Modello 1935 in Grecia. Anche in questo caso gli artiglieri sono in posa, come possiamo notare dalla presenza della cravatta indossata da entrambi i soldati. (Archivio Centrale dello Stato)

▲ Un Cannone da 47/32 Modello 1935 viene azionato da un equipaggio di Alpini durante la Campagna di Russia. Benché dimostratosi efficace durante la Guerra di Spagna, il cannone da 47 mm dimostrò tutti i suoi limiti nella lotta anticarro durante la Seconda Guerra Mondiale, rimanendo però una buona arma d'appoggio alla fanteria. (Archivio Centrale dello Stato)

▼ L'equipaggio di un Cannone da 47/32 attende il momento giusto per aprire il fuoco contro le truppe sovietiche sulle rive del fiume Dnepr, in Ucraina nell'Autunno del 1941.

▲ Un Cannone da 47/32 Modello 1935 in posizione ben camuffata durante un addestramento nella lotta anticarro nell'estate del 1942. (Archivio Centrale dello Stato)

▼ L'equipaggio di una Camionetta Desertica SPA-Viberti AS42 'Sahariana' è ripreso durante una pausa nei combattimenti. Nell'immagine si possono notare due cose molto insolite. La prima è certamente la Mitragliatrice Media Breda Modello 1938 anteriore, sprovvista di caricatore superiore. La seconda è la tanica per olio lubrificante posta nella fila in basso del veicolo con le nervature dipinte di nero. Interessante anche l'utilizzo del parabrezza per "appoggiare" la canna del fucile anticarro.

▲ Due bersaglieri posizionano un fucile anticarro Solothurn S-18-1000 sul suo carrello per il traino. L'arma, per quanto rivelatasi efficace contro i punti sensibili di diversi veicoli corazzati britannici, era molto pesante da trasportare. (Archivio Centrale dello Stato)

▲ Un gruppo di Bersaglieri apre il fuoco contro le truppe sovietiche durante la Campagna di Russia ben al riparo dietro un muretto a secco. L'arma che stanno utilizzando è una Mitragliatrice Media Breda Modello 1937. (Archivio Centrale dello Stato)

▲ Una foto di propaganda che mostra alcuni mitraglieri italiani all'interno di un fortino improvvisato in Montenegro nell'inverno 1942. Da notare le lastrine da 20 colpi per la mitragliatrice Breda Modello 1937. (Archivio Centrale dello Stato)

▼ Un Bersagliere del *VIII° Battaglione Bersaglieri Blindato Autonomo* ripreso durante le operazioni di manutenzione di una Mitragliatrice Media Breda Modello 1938 sulla torretta di un Autoblinda AB41. Anche se molto rara, l'arma venne impiegata sulle camionette. (Archivio Centrale dello Stato)

SERVIZIO NELLA REPUBBLICA SOCIALE ITALIANA

Dopo l'Armistizio di Cassibile dell'8 Settembre 1943, la prima unità che impiegò le camionette furono i militi della MVSN che non accettarono la resa e si riunirono alla *Caserma 'Mussolini'* in Viale Romania di Roma.

Tali militi, che scelsero di continuare a combattere a fianco dei tedeschi, facevano parte di varie unità della disciolta *1ª Divisione Corazzata Legionaria 'M'* che aveva consegnato le armi ai tedeschi il 12 Settembre 1943 e che si unirono a loro il 16 Settembre[26].

Già dal giorno successivo, per volontà del Console Generale Renzo Montagna[27], la nuova sede del Partito Fascista Repubblicano fu aperta nello storico Palazzo Wedekind in Piazza Colonna. I militi riunitisi alla *Caserma 'Mussolini'* vennero quindi incaricati di presidiare il palazzo con l'ausilio di due Carri Armati M13/40 prelevati dal deposito del *4° Reggimento Fanteria Carrista* abbandonato dopo l'armistizio[28]. Almeno una *Camionetta Desertica Modello 1943* venne ritrovata nel deposito ed impiegata.

La camionetta era stata impiegata durante la Difesa di Roma tra il 9 ed il 10 Settembre ed era priva di armamento (probabilmente sabotato dai Camionettisti). Il veicolo venne quasi certamente impiegato esclusivamente per trasportare la guarnigione di presidio dalla caserma al Palazzo Wedekind con cadenza giornaliera e per pattugliare le strade di Roma.

Quando i militi partirono per Montichiari per dare vita al futuro *Gruppo Corazzato M 'Leonessa'* il 29 Settembre 1943, è molto probabile che la camionetta rimase a Roma[29] in quanto, nel periodo successivo alla Seconda Guerra Mondiale, almeno un esemplare era in servizio presso il *I° Reparto Celere 'Lazio'* della *Polizia di Stato*[30] a Roma.

---

26 S. Corbatti e M. Nava,...*Come il Diamante! I Carristi Italiani 1943-'45*, Bruxelles Laran Edition, 2008, pag. 128.
27 Renzo Montagna, liberato dai tedeschi l'8 Settembre, assunse il comando della MVSN nella capitale insediandosi alla *Caserma 'Mussolini'* e rimanendo al comando fino al 18 Settembre, quando arrivò nella capitale Alessandro Pavolini.
28 P. Crippa, *I Carristi di Mussolini, Il Gruppo Corazzato "Leonessa" dalla MVSN alla RSI*, Witness to War, Maggio 2019, pag. 17.
29 La teoria è confermata dall'assenza di *Camionette Desertiche Modello 1943* in servizio con il *Gruppo Corazzato M 'Leonessa'*.
30 Il veicolo fu fotografato durante una parata del *Reparto Mobile Blindisti* del *I° Reparto Celere* della *Polizia di Stato* nel 1947.

▲ Una *Camionetta SPA-Viberti AS42 'Metropolitana'* del *Battaglione d'Assalto Motorizzato* armata con un *Cannone da 47/32 Modello 1935* e una *Mitragliatrice Media Breda Modello 1937*. L'immagine fu scattata a Roma nei convulsi giorni successivi all'armistizio. (Nino Arena)

▼ Un'interessante immagine scattata nel Settembre 1943 che mostra un *Carro Armato M13/40 di III^a Serie* ed una *Camionetta Desertica Modello 1943* utilizzati dai militi della disciolta *1^a Divisione Corazzata Legionaria 'M'* per presidiare Palazzo Wedekind, sede del nuovo Partito Fascista Repubblicano. I mezzi si trovano tra Piazza Colonna e Piazza di Monte Citorio. (Per gentile concessione di Paolo Crippa)

Carrozzeria Speciale su SPA-Viberti AS43

La *Carrozzeria Speciale su SPA-Viberti AS43*[31] fu l'unico veicolo corazzato da combattimento prodotto ed utilizzato dalla *Guardia Nazionale Repubblicana*[32] ad avere uno sviluppo e una vera e propria produzione in serie, anche se in numeri limitati ed impiegato solamente dal *Gruppo Corazzato M 'Leonessa'* della *Guardia Nazionale Repubblicana*.

Il numero totale di veicoli prodotti non è certo: stando ad una pubblicazione edita da alcuni veterani del *Gruppo Corazzato M 'Leonessa'*, le cosiddette *Autoblindo Tipo Zerbino* sarebbero state, in totale, 10. In pubblicazioni più recenti[33] però, si è precisato grazie alla testimonianza del Caporal Maggiore Bartuli[34], veterano del gruppo, che il soprannome *"Zerbino"* veniva dato a molti veicoli improvvisati del gruppo corazzato.

In pubblicazioni più attuali, infatti, si è diminuito[35] il numero delle carrozzerie speciali a un più plausibile 2-6 esemplari.

Un'altra fonte che sembra confermarne la produzione più esigua è una Relazione dell'*Arsenale Esercito di Torino*[36] stilata il 23 Marzo 1945 in cui, l'arsenale elenca gli equipaggiamenti forniti al reparto Torinese della GNR. Insieme ad alcuni pezzi d'artiglieria vennero forniti *"Numero Quattro blindature ed armamento di autoprotette"* anche se non viene fatta menzione di quale particolare autoprotetta si tratti.

Il progetto venne iniziato dalle Officine Viberti[37] dopo una probabile richiesta del Prefetto Zerbino[38] per la produzione di veicoli corazzati per rintuzzare le fila delle unità rimaste fedeli al fascismo dopo l'armistizio.

I progetti originali del veicolo sono datati 18 Gennaio 1944, data di inizio dello sviluppo della struttura corazzata per le *Camionette SPA-Viberti AS43*. L'ultima modifica al progetto è invece datata 3 Aprile 1944 ad indicare quanto veloce e semplice fu lo sviluppo di questo interessante veicolo.

Come detto, le piastre di corazza vennero prodotte dall'*Arsenale dell'Esercito di Torino* che inviò le suddette all'Officina Viberti che si occupava di carrozzare i telai prodotti alla SPA. Per la produzione, i telai delle camionette venivano privati di carrozzeria[39], le piastre di corazza erano imbullonate ad uno scheletro interno come per la maggior parte dei veicoli corazzati italiani dell'epoca. Il peso totale delle piastre corazzate era di 911 kg esclusi, ov-

---

31 Spesso indicata anche come "*Autoblinda AS43*" o "*Tipo Zerbino*". Il secondo nominativo lo si deve a Paolo Zerbino, Capo della Provincia di Torino dal 21 Ottobre 1943 al 7 Maggio 1944 che ordinò la produzione di veicoli di circostanza per le forze fasciste.
32 La *Guardia Nazionale Repubblicana* era la forza con compiti di polizia interna e militare che nacque dopo l'armistizio dell'8 Settembre dalle ceneri della MVSN.
33 S. Corbatti e M. Nava, *...Come il Diamante! I Carristi Italiani 1943-'45*, Bruxelles Laran Edition, 2008, pag. 142.
34 Il Caporal Maggiore G. Bartuli era conduttore di automezzi del Gruppo Corazzato M 'Leonessa'.
35 P. Crippa, *Storia dei Reparti Corazzati della Repubblica Sociale Italiana*, Milano, Marcia Edizioni, Ottobre 2022, pag. 146, op. cit. in bibliografia.
36 Relazione Sull'*Arsenale Esercito di Torino* conservata all'AUSSME I1, Busta 36. Interessante notare che dopo l'Armistizio l'*Arsenale Regio Esercito di Torino* perse il "Regio".
37 Il veicolo si ispirava all'*Autoblinda AS37* (spesso indicata con vari nominativi quali "*Autoblindo TL37*" o "*Autoblindo AS*") sviluppata dall'Ansaldo nel 1941 per lo specifico impiego in Africa Settentrionale.
38 Non si hanno dati precisi, ma visto il soprannome dell'automezzo, è ipotizzato da varie fonti che il Prefetto torinese finanziò la costruzione o fece in modo che i veicoli venissero assegnati al *Gruppo Corazzato M 'Leonessa'*.
39 Purtroppo non abbiamo informazioni riguardo i telai, le carrozzerie speciali potrebbero essere state prodotte da telai nuovi o su camionette già precedentemente carrozzate.

viamente, lo scheletro d'acciaio e gli elementi di fissaggio[40]. Purtroppo è impossibile dare una stima precisa del peso totale del veicolo, con circa una tonnellata e mezza per la sovrastruttura corazzata e la torretta, va considerato anche l'armamento, le munizioni e il peso del telaio nudo che era di 2'620 kg a secco. Il totale si aggirava molto probabilmente sulle 6 tonnellate in assetto di combattimento, non distante dal peso totale della camionetta a pieno carico.

Lo spessore delle piastre non è indicato dalle fonti ufficiali ma è plausibile che si attestasse intorno agli 8 mm, abbastanza per proteggere il veicolo dal fuoco delle armi leggere avversarie. La corazza della torretta era di 18 mm frontalmente e 10 mm sui lati e retro.

Anteriormente era posizionato il motore a benzina che possedeva varie griglie di raffreddamento frontali e superiormente due portelli d'ispezione per la manutenzione. La velocità massima dell'autoblinda era di circa 50 km/h mentre l'autonomia, grazie al serbatoio da 120 litri montato posteriormente alla camera di combattimento, era di circa 350 km.

Dietro al vano motore trovavano posto il conducente, sulla destra ed il comandante, sulla sinistra. Entrambi avevano gli stessi sedili utilizzati sull'AB41, con lo schienale pivottante, per permettere una facile entrata e discesa dal veicolo. Per l'osservazione, entrambi avevano delle feritoie frontali ma erano sprovvisti di feritoie laterali.

Dietro di loro sedeva il cannoniere su un sedile pieghevole montato, con un supporto tubolare, alla torretta.

La torretta, montata sulla struttura corazzata, era la ben nota *Torretta Modello 1941* usata sui *Carri Armati L6/40*. Più volte si è ipotizzato che le torrette provenissero da *Autoblinde AB41*, ma l'assenza di un contrappeso posteriore conferma che tali torrette furono prelevate dagli stabilimenti SPA (dove i *Carri Armati L6/40* venivano prodotti) o recuperate da cingolati danneggiati.

A forma ottagonale, la torretta aveva due portelli, uno superiore, per permettere al cannoniere di osservare il campo di battaglia o per una rapida fuga. Il secondo portello, posteriore, aveva il solo scopo di facilitare la rimozione del cannone da 20 mm per la manutenzione, "sfilandolo" dal suo supporto.

Per aprire il fuoco il comandante era dotato di due pedali montati su un supporto tubolare collegati al cannone e alla mitragliatrice tramite cavi Bowden[41].

Per la visione interna, il cannoniere possedeva, ovviamente, cannocchiale di puntamento coassiale al cannone montato sulla sinistra, un periscopio panoramico (entrambi prodotti dalle Officine San Giorgio) montato sul cielo della torretta sulla destra, e di due feritoie ai lati. Le feritoie, del tipo "a revolver", potevano essere impiegate per controllare il campo di battaglia e per la difesa ravvicinata sparando con la pistola in dotazione.

L'armamento era composto da un *Cannone-Mitragliera Breda da 20/65 Modello 1935* da 20 mm e, coassialmente sulla destra, una *Mitragliatrice Media Breda Modello 1938* calibro 8 x 59 mm RB Breda, versione da veicolo della *Mitragliatrice Media Breda Modello 1937* con caricatore bifilare superiore da 24 colpi.

Sotto la torretta si trovavano le porte d'accesso al veicolo che erano divise in due parti ed apribili anteriormente.

---

[40] 911,23 kg esclusi i 642 elementi di bulloneria, cerniere, ganci, scheletro d'acciaio.
[41] I cavi Bowden sono cavi di metallo ricoperti da una guaina di gomma, gli stessi impiegati nei freni e nel cambio delle biciclette.

▲ La Camionetta Desertica Modello 1943 nel cortile del Centro Studi ed Esperienze della Motorizzazione di Roma. L'armamento è composto da una Mitragliatrice Media Modello 1937 dotata di mirino antiaereo e calcio metallico anteriormente e da un Cannone-Mitragliera Breda da 20/65 Modello 1935. (USSME)

▼ La medesima Camionetta Desertica Modello 1943 vista da un'altra angolazione. La targa è 'Regio Esercito 136749'. Si noti, sullo sfondo il Semovente da 47/32 su Scafo AB41. (USSME)

▲ La medesima immagine ingrandita ci mostra meglio la Camionetta Desertica Modello 1943 priva di armamento ed equipaggiata con pneumatici Pirelli Tipo 'Sigillo Verde' dietro ad un Carro Armato M13/40 di III[a] Serie parcheggiati a lato di Palazzo Wedekind. (Per gentile concessione di Paolo Crippa)

Dalle poche immagini reperite si può confermare che il retro della camera di combattimento fosse occupata dalle rastrelliere in legno per i caricatori del cannone da 20 mm ed in basso, per la mitragliatrice da 8 mm.
In totale c'erano 50 lastrine per cannone, equivalenti a 400 colpi[42] e 60 caricatori per la mitragliatrice, equivalenti a 1'440 colpi. Una riserva di tutto rispetto per un veicolo di tali dimensioni, infatti, l'*Autoblinda AB41*, per fare un esempio, aveva una riserva di 456 colpi da 20 mm e 1'992 da 8 mm.
Dietro le rastrelliere, protetto da una paratia tagliafiamme, si trovava il serbatoio a forma triangolare su cui era sistemata la ruota di scorta, protetta dalla corazza posteriore inclinata del veicolo. La piastra di corazza posteriore era apribile inferiormente per recuperare la ruota di scorta e sulla sua superficie esterna erano presenti i classici attrezzi da zappatore: piccone, pala e paranco.
Le ruote avevano il cerchione da 24" (60 cm), ossia lo stesso diametro delle camionette, autoblindo della serie AB, e dei trattori d'artiglieria TL37 e TM40. Le ruote anteriori erano dotate di sospensioni a molle elicoidali indipendenti accoppiate ad ammortizzatori idraulici. Le ruote posteriori erano dotate di sospensioni a balestra inversa. Gli pneumatici adottati erano i Pirelli Tipo 'Artiglio'[43] 9 x 24" (22.8 x 60 cm) per climi continentali.

---

[42] Sui veicoli corazzati venivano impiegate lastrine da 8 colpi anziché le classiche da 12 colpi usate sulle camionette o sulle armi campali per mancanza di spazio nella torretta.
[43] Le camionette potevano essere equipaggiate con i Pirelli Tipo 'Libia' 9.75 x 24" (25 x 60 cm), 'Libia Rinforzato' e 'Sigillo Verde' per impiego su terreni desertici, e Pirelli Tipo 'Artiglio', 'Artiglio a Sezione Maggiorata' 11.25 x 24" (28.5 x 60 cm) e 'Raiflex' per terreni continentali. A causa della situazione politica della RSI può capitare di vedere veicoli con pneumatici per terreni desertici.

Le autoblinde non erano equipaggiate di sistemi radio ricetrasmittenti, un handicap non da poco per un veicolo di questo tipo, spesso impiegato in missioni di pattuglia in cui l'uso di radio poteva tornare fondamentale per richiedere supporto al comando.

Non si ha la data dell'arrivo delle camionette al reparto della *Guardia Nazionale Repubblicana*[44] né una precisa collocazione di queste all'interno del reparto in quanto le fonti sono contrastanti. Dalle immagini arrivate fino ai giorni nostri possiamo affermare che le camionette stazzionassero alla *Caserma 'Alessandro La Marmora'*[45] di Via Asti 22, sede della *1ª Compagnia Arditi Autocarrata*[46] del *'Leonessa'* già a partire dal Marzo 1944, mese in cui, il reparto si trasferì da Montichiari a Torino.

Almeno in un primo periodo le autoblinde improvvisate erano dipinte in Kaki Sahariano Chiaro con i simboli del *'Leonessa'*[47] dipinti sui parafanghi anteriori, sui lati e sulla botola posteriore della torretta.

Purtroppo, non si hanno molti dati riguardo il servizio delle carrozzerie speciali nella lotta anti partigiana in Piemonte, in quanto, la maggior parte delle fonti ufficiali raramente menzionavano i veicoli impiegati nelle azioni o si limitavano ad usare termini generici come "Autoblinda" o "Autoprotetta".

Grazie alla protezione integrale e all'armamento pesante possiamo supporre fosse un adeguato mezzo per contrastare le bande partigiane, che nella maggior parte dei casi erano sprovviste di armi anticarro[48] e non potevano in alcun modo affrontare un veicolo di questo tipo.

Il 23 Marzo 1945 il *Gruppo Corazzato M 'Leonessa'* sfilò per l'ultima volta a Torino e nella parata, soltanto una *Carrozzeria Speciale su SPA-Viberti AS43* sfilò per le vie della città. La presenza di un solo veicolo non significa necessariamente che gli altri esemplari fossero andati persi, il giorno prima infatti, reparti del *'Leonessa'* partiti da Torino vennero impiegati in un'azione anti partigiana in Valsesia. Almeno un autoblinda venne impiegata in quest'operazione, ma il modello non è noto.

A quell'epoca i veicoli del reparto con sede a Torino avevano ricevuto una nuova mimetica a tre toni con macchie verdi scuro e marroni rossicce sull'originale mimetica Kaki Sahariano Chiaro usata nei primi mesi dal reparto molto simile allo schema mimetico 'Continentale' adottato dal *Regio Esercito* pochi mesi prima dell'Armistizio.

Parlando di camuffamento, ci sembra giusto sottolineare come esistano delle immagini della carrozzeria speciale alle Officine Viberti[49] con una mimetica a tre toni che il gruppo

---

44 La prima apparizione pubblica di due *Carrozzerie Speciali su SPA-Viberti AS43* fu il 23 Aprile 1944, quando sfilarono, insieme ad altri veicoli del reparto, a Torino.
45 La caserma era anche sede di 2 compagnie di Ordine Pubblico della GNR e della *Legione Milizia Ferroviaria* di Torino. La caserma è però tristemente nota anche per essere la sede dell'*Ufficio Politico Investigativo* (UPI) dove venivano interrogati e torturati i partigiani.
46 Successivamente rinominata *1ª Compagnia Carri 'Aristide Lissa'* dal Capitano Aristide Lissa, comandante della compagnia, deceduto in uno scontro con i partigiani il 7 Giugno 1944 a Santino di San Bernardino, in provincia di Novara.
47 L'acronimo GNR in vernice nera con una 'm' rossa intersecata da un fascio littorio.
48 Tra Agosto 1944 e Febbraio 1945 vennero paracadutate ai partigiani italiani 326 armi anticarro tra Bazooka, PIAT e 70 fucili anticarro. Un numero assai limitato se si pensa che nel solo Piemonte nell'Aprile 1945 erano presenti circa 50'000 partigiani. Technical Memorandum ORO-T-269, *Allied Supplies for Italian Partisans During World War II*, Washington DC, Department of the Army, Office of the Deputy Chief of Staff for Plans and Research, 4 Febbraio 1955, pag. 36 op. cit. in bibliografia.
49 La data in cui le immagini vennero scattate non è nota, ma i veicoli mancavano dell'armamento, che veniva montato dopo la consegna da parte delle Officine Viberti.

corazzato adottò solamente a Dicembre 1944[50].

Pare molto improbabile che l'azienda torinese avesse consegnato i primi due veicoli ad Aprile 1944 al *'Leonessa'* in mimetica a tre toni, quasi immediatamente ricoperta dai militi in mimetica monocromo per poi essere, pochi mesi dopo ridipinta nel medesimo schema mimetico.

I veicoli fotografati, disarmati, alle Officine Viberti furono probabilmente prodotti dopo la consegna di un primo lotto di carrozzerie speciali avvenuto a fine Maggio, inizio Aprile 1944[51], confermando quindi la possibilità che più di due veicoli fossero stati effettivamente prodotti e consegnati, alcuni dei quali, già in mimetica a tre toni.

Alla fine di Aprile 1945, un distaccamento del gruppo, composto da un *Carro Armato L6/40* e da due autoblindo, di cui una sicuramente una *Carrozzeria Speciale su SPA-Viberti AS43*[52], fu inviato in Valtellina in Lombardia, con il compito di tenere la zona sgombra dai partigiani. La Valtellina fu la zona scelta dal Segretario del Partito Nazionale Fascista, Alessandro Pavolini, per il *'Ridotto Alpino Repubblicano'*, un'area dove ammassare i reparti fascisti fedeli a Mussolini in fuga dalle città del nord Italia e dove resistere alle truppe alleate mentre Benito Mussolini fuggiva in Svizzera. Insieme al distaccamento del *'Leonessa'*, in Valtellina erano presenti la *Compagnia 'Pesaro'* del *Battaglione M 'Guardia del Duce'*, i reparti della *XXXIXª Brigata Nera 'Raffaele Manganiello'* di Siena[53], la *XVª Brigata Nera 'Sergio Gatti'* di Sondrio, la *Brigata Nera Autonoma 'Giovanni Gentile'*[54] e altri reparti GNR e dell'*Esercito Nazionale Repubblicano*.

Il distaccamento del *'Leonessa'* era posto a Tirano, vicino a Sondrio, a pochi chilometri dalla Svizzera. La mattina del 27 Aprile, una colonna composta dal distaccamento del *Gruppo Corazzato M 'Leonessa'*, dal *2° Battaglione* della *IIIª Legione* della *Guardia Nazionale Repubblicana di Frontiera 'Vetta d'Italia'*, dalla *XXXVIII° Brigata Nera 'Ruy Blas Biagi'* di Pistoia e dai membri della *Milice française*[55] della repubblica francese di Vichy, per un totale di circa 1'000 uomini al comando del Maggiore della GNR di Frontiera Renato Vanna, partì alla volta di Sondrio per raggiungere Benito Mussolini. La colonna fu subito bloccata all'uscita della città dalle truppe partigiane, dando inizio alla battaglia di Tirano.

Nella notte del 26 Aprile, la *Brigata Partigiana 'Gufi'* accerchiò la città di Tirano. Nelle ore successive arrivano anche gruppi di partigiani dalla Val Grosina e dalla zona di Sondalo.

Secondo i resoconti di un reduce partigiano[56] c'erano circa 300 partigiani, senza armi pesanti, a parte alcuni mortai che assediarono le forze fasciste.

---

50 P. Crippa, *Storia dei Reparti Corazzati della Repubblica Sociale Italiana*, Milano, Marcia Edizioni, Ottobre 2022, pag. 201, op. cit. in bibliografia.
51 Un altra ipotesi formulabile e che i veicoli vennero ridipinti dopo una revisione generale alle Officine Viberti. Anche qui pare molto improbabile visto che nelle immagini delle Officine Viberti i simboli del *Gruppo Corazzato M 'Leonessa'* sono assenti.
52 Il secondo modello di autoblinda è ignoto ma possiamo ipotizzare si trattasse di una seconda *Carrozzeria Speciale su SPA-Viberti AS43*.
53 Riportato da *...Come il Diamante! I Carristi Italiani 1943-'45*, Bruxelles Laran Edition, 2008, pag. 190, op. cit. in bibliografia. Sembra invece che la *'Raffaele Manganiello'* fosse la *XLIª Brigata Nera* di Firenze.
54 All'epoca ridotta ad una sola compagnia e ribattezzata *Compagnia 'Cremona'*.
55 La *Milice française* (Milizia Francese) nata per combattere i Maquis della Resistenza Francese che dal 13 Aprile 1945 venne posta a Tirano sotto il comando del Console Generale Onorio Onori. L'unità, francese era al comando del Capitano Carus.
56 W. Marconi, *L'Aprile 1945 fra Tirano e Grosio*, Tirano, Museo Etnografico Tiranese, 1996, op. cit. in bibliografia.

La mattina del 27 Aprile la colonna fascista con il *Carro Armato L6/40* in testa cercò di raggiungere Sondrio ma venne bloccata all'uscita di Tirano dai partigiani.

Alcuni militi, coperti dietro le sagome dei veicoli corazzati, cercarono di raggiungere il Santuario della Madonna fuori Tirano, per cercare di far ritirare le truppe partigiane ma senza successo. I fascisti quindi ritornarono in città, asserragliandosi nella *Caserma 'Luigi Torelli'* fino alla sera del 28 Aprile quando finalmente le ostilità cessarono con un totale di 19 morti[57] nelle fila fasciste e 2 in quelle partigiane. Il Mag. Vanna con 250 uomini cercò di raggiungere il Lago di Como a piedi di notte, ma quando arrivò la notizia della morte di Mussolini si consegnò ai partigiani che riportarono lui ed i suoi uomini alla *Caserma 'Luigi Torelli'* convertita in prigione dopo la resa della guarnigione. Il Maggiore Vanna ed altri 25 ufficiali e sottufficiali vennero successivamente fucilati dai partigiani.

Dopo la resa delle truppe regolari del 28 Aprile, almeno una *Carrozzeria Speciale su SPA-Viberti AS43* venne riutilizzata dalle forze partigiane, così come almeno 2 furgoncini Peugeot 202 catturati ai francesi[58]. Fino al 2 Maggio 1945 i veicoli vennero impiegati per pattugliare la zona del Passo del Mortirolo, a 1'852 metri slm, dove si temeva un attacco della *I^a Legione d'Assalto M 'Tagliamento'* impiegata in Alta Valcamonica.

Purtroppo di questo veicolo si perdono le tracce, esattamente come per le altre carrozzerie speciali che vennero probabilmente distrutte durante gli scontri a Torino o sabotate dagli equipaggi prima della fuga verso la Valtellina che però si fermò a Strambino Romano, 45 km nord-ovest di Torino.

---

57 Nel dettaglio: 9 soldati della GNR e camicie nere, 2 ausiliarie, 5 francesi e 3 tedeschi.
58 Purtroppo le fonti non menzionano il numero di veicoli danneggiati o distrutti nello scontro e quanti vennero riutilizzati dai partigiani. L'autoblinda e i furgoncini appaiono in un immagine dopo la battaglia in mani partigiane e sono gli unici che possiamo confermare furono impiegati.

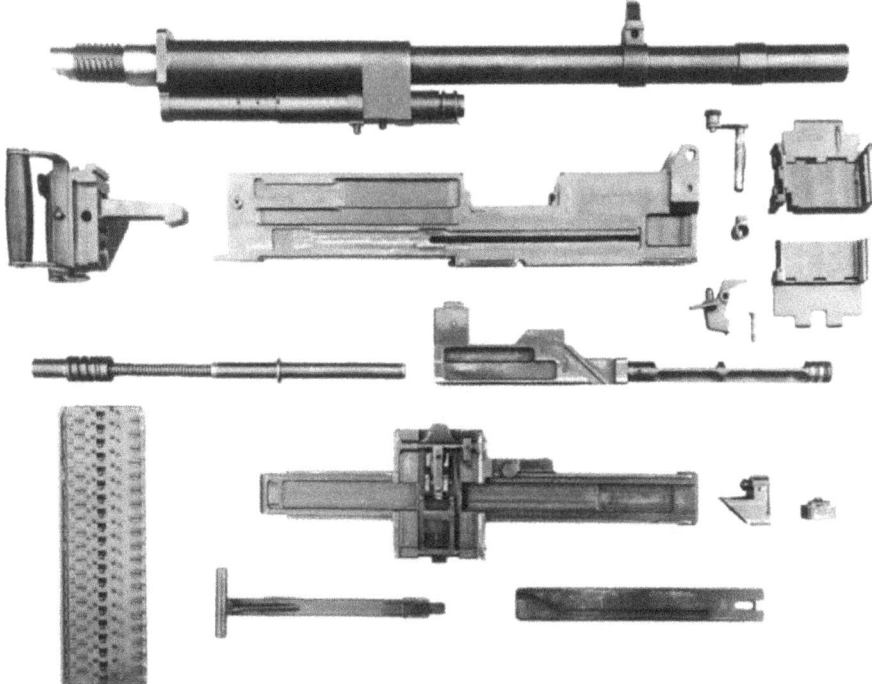

▲ Esploso della mitragliatrice Breda Modello 1937. Arma comunemente utilizzata sulle camionette italiane.

▲ Dopo gli scontri di Tirano la *Carrozzeria Speciale su SPA-Viberti AS43* del *Gruppo Corazzato M 'Leonessa'* fu riutilizzata dai partigiani locali. L'immagine venne scattata a Sondrio, con la camionetta in testa ad una colonna composta da furgoni Peugeot 202 catturati alla *Milice française* che combattevano accanto ai militi della *Repubblica Sociale Italiana*. (g.c. Museo Etnografico Tiranese).

▲ ▼ Due magnifiche immagini della Autoblinda AS37 in servizio presso il Raggruppamento Esplorante del Corpo d'Armata di Manovra del Generale Gastone Gambara a Sidi Rezegh nel Novembre 1941. Il piccolo prototipo di autoblinda operò insieme a quattro Autoblinde AB41 del *Gruppo Squadroni Corazzati 'Nizza'* dal tardo 1941 in un plotone sperimentale. Si noti che l'Autoblinda AS37 era equipaggiata con pneumatici Pirelli Tipo 'Raiflex' mentre l'AB41 al suo fianco ha Pirelli Tipo 'Libia'. (Archivio Centrale dello Stato)

CARROZZERIA SPECIALE
SU SPA A.S.43

▲ Vista frontale della *Carrozzeria Speciale su SPA-Viberti AS43* sprovvista di armamento all'interno degli stabilimenti delle Officine Viberti di Torino. Il veicolo presenta la classica mimetica a tre toni 'Continentale' ed è equipaggiato con pneumatici *Pirelli Tipo 'Artiglio'*. (Officine Viberti)

▼ La medesima *Carrozzeria Speciale su SPA-Viberti AS43* sprovvista di armamento dell'immagine precedente. Da questa angolazione si possono ben notare i supporti per gli attrezzi da zappatore sul retro e il tappo del serbatoio. (Officine Viberti)

▲ Interno della *Carrozzeria Speciale su SPA-Viberti AS43*. I sedili per conducente e comandante sono i medesimi utilizzati sulle Autoblinde della serie AB. Nell'immagine si può apprezzare lo scheletro interno su cui erano imbullonate le piastre di corazza. (Officine Viberti)

▼ Vista posteriore del vano equipaggio della *Carrozzeria Speciale su SPA-Viberti AS43*. Fissate alla piastra tagliafiamme posteriore, le rastrelliere in legno verniciato per le lastrine da 8 colpi per l'armamento principale, in basso, fissate al pavimento, le rastrelliere per caricatori da 24 colpi per l'armamento secondario. (Officine Viberti)

▲ I veicoli corazzati del *Gruppo Corazzato M 'Leonessa'* schierati a Torino prima della sfilata del 23 Maggio 1944 per le vie del centro città. Sono ben visibili un *Carro Armato L6/40*, due *Carrozzerie Speciali su SPA-Viberti AS43*, un *Autoblinda AB41* ed un *Carro Armato M* con i rispettivi equipaggi. Al fondo si nota un Lancia 3Ro mentre sulla destra si notano due OM Taurus. (Elvezio Borgatti)

▼ Due *Carrozzerie Speciali su SPA-Viberti AS43* seguite da un *Autoblinda AB41* in Piazza Carlo Felice, davanti alla stazione di Porta Nuova a Torino durante la parata del 23 Maggio 1944. (Elvezio Borgatti)

▲ Sempre il 23 Maggio 1944, la colonna in sfilata transita tra Piazza Carlo Felice e Via Roma. Si notano un *Autoblinda AB41*, le due *Carrozzerie Speciali su SPA-Viberti AS43*, un *Carro Armato L6/40* e due *Carri Armati M13/40* preceduti da *Carri Armati L3* del *Gruppo Corazzato M 'Leonessa'*. (Elvezio Borgatti)

▼ Il secondo *Carro Armato M13/40* dell'autocolonna seguito dal *Carro Armato L6/40*, le due *Carrozzerie Speciali su SPA-Viberti AS43*, dall'*Autoblinda AB41* e da un altro *Carro Armato M* in Via Roma a Torino il 23 Maggio 1944. (Elvezio Borgatti)

▲ La sfilata del *Gruppo Corazzato M 'Leonessa'* entra in Piazza Castello circondata da due ali di folla. Si possono ben notare Palazzo Madama (destra) e il Palazzo Reale (sfondo). Al centro dell'immagine, il Monumento all'Alfiere dell'Esercito Sardo coperto da una cassonatura in legno riempita di sabbia per prevenirne il danneggiamento a causa dei bombardamenti. (Elvezio Borgatti)

▼ Dettaglio della *Carrozzeria Speciale su SPA-Viberti AS43* in parata il 23 Maggio 1944. Il veicolo è targato 'GNR 0151' ed è in mimetica monocromatica Kaki Sahariano Chiaro. Sulla botola nel retro della torretta è visibile il simbolo del reparto. Sulla piastra inclinata posteriore si possono vedere gli attrezzi da zappatore e, più in basso, la botola da cui la ruota di scorta veniva inserita. (Elvezio Borgatti)

▲ Un trombettiere del *Gruppo Corazzato M 'Leonessa'* davanti ad una *Carrozzeria Speciale su SPA-Viberti AS43* parcheggiata insieme ad una *Camionetta SPA-Viberti Autoprotetta* nel cortile della *Caserma 'Alessandro La Marmora'* di Torino, sede della *1ª Compagnia Carri 'Aristide Lissa'* del *Gruppo Corazzato M 'Leonessa'*. Si possono notare molto bene i distintivi di reparto e, davanti allo stesso sul parafango, un'asta d'ingombro per aiutare il conducente a guidare in strade strette. Il trombettista è equipaggiato con Pugnale da Assaltatore Modello 1939. (Nicola Pignato)

▲ Una *Carrozzeria Speciale su SPA-Viberti AS43* parcheggiata nel cortile della *Caserma 'Alessandro La Marmora'* di Torino davanti ad un OM Taurus durante una manutenzione. Il milite in piedi sul vano motore regge con l'avambraccio sinistro lo scovolo per pulire la canna del *Cannone-Mitragliera Breda da 20/65 Modello 1935*. Sopra la torretta sembra esserci la *Mitragliatrice Media Breda Modello 1938*, anche lei in manutenzione. L'immagine è stata scattata poco prima che il cannone venisse rimosso come testimonia la botola posteriore della torretta aperta. (Elvezio Borgatti)

▼ Torino, Via Roma, 23 Marzo 1945. Il *Gruppo Corazzato M 'Leonessa'* sfila per l'ultima volta in città in occasione del 28° anniversario della fondazione dei Fasci di Combattimento. Alla sfilata prese parte una *Carrozzeria Speciale su SPA-Viberti AS43*, qui ritratta davanti ad una *Camionetta SPA-Viberti Autoprotetta*. Il veicolo presenta la mimetica a tre toni adottata dal reparto a partire dal Dicembre 1944, sembra che i distintivi di reparto non siano stati coperti dai nuovi strati di vernice.

▲ Una *Carrozzeria Speciale su SPA-Viberti AS43* durante un pattugliamento dei dintorni di Tirano nel tardo Aprile 1945. Il veicolo faceva parte del distaccamento del *Gruppo Corazzato M 'Leonessa'* che da Torino si spostò in Valtellina per proteggere le vie d'accesso al *Ridotto Alpino Repubblicano*. (Giorgio Pisanò)

▼ Una *Carrozzeria Speciale su SPA-Viberti AS43* nelle mani dei partigiani tiranesi, dopo gli scontri avvenuti nella cittadina montana. Sul fronte del veicolo appare una scritta patriottica, probabilmente *"Esercito di Liberazione"*. (g.c. Ritter).

Camionetta SPA-Viberti AS43 Autoprotetta

Meno nota fu la *Camionetta SPA-Viberti AS43 Autoprotetta*[59], anch'essa un veicolo improvvisato sul telaio della *Camionetta SPA-Viberti AS43*, impiegato dal *Gruppo Corazzato M 'Leonessa'* in Piemonte[60].

L'autoprotetta, impiegata come veicolo da trasporto truppe, manteneva la carrozzeria della camionetta a cui veniva aggiunta una sovrastruttura corazzata con cielo scoperto, che dava protezione alle truppe a bordo permettendo di utilizzare l'armamento personale esponendosi all'esterno della sagoma. Come per la *Carrozzeria Speciale su SPA-Viberti AS43*, l'assemblaggio della struttura corazzata fu opera delle Officine Viberti di Torino come traspare dalla presenza negli archivi dell'azienda di un'immagine del veicolo appena terminato.

Come per le carrozzerie speciali, è probabile che le piastre di corazzatura furono consegnate dall'*Arsenale dell'Esercito di Torino* ed installate da operai di una qualche fabbrica torinese[61]. Per le *Autoprotette AS43*, il vano motore veniva mantenuto invariato, senza modifiche o corazzature di alcun genere diminuendone la protezione ma, al contempo diminuendo anche il peso totale del veicolo.

La struttura corazzata, a cielo aperto, si estendeva dalla cabina di guida fino alla parte posteriore del veicolo e proteggeva gli occupanti dal tiro di armi leggere. Tale protezione era composta da piastre d'acciaio di spessore molto limitato, probabilmente non oltre i 4,5 mm. Anteriormente la piastra frontale era divisa in due sezioni, quella destra, per il conducente aveva un piccolo vetro blindato. Tale piastra poteva essere abbassata anteriormente per una maggiore visibilità di guida quando si percorrevano aree sicure.

La piastra sinistra era invece fissa e al centro era montato un supporto a sfera per l'armamento. Dietro al parabrezza corazzato erano presenti le porte d'accesso, ed infatti una porzione della sezione laterale del veicolo era verticale, per semplificare l'apertura del portello che era dotato di una fessura.

La sezione centrale-posteriore del veicolo, dove sedevano i soldati trasportati, era leggermente inclinata per incrementare la protezione, e su ciascun lato era presente una feritoia per controllare il campo di battaglia senza esporsi dalla sagoma e rispondere al fuoco nemico in caso di imboscata.

Peculiarità quasi unica del veicolo era la struttura completamente saldata, priva quindi di bulloni o scheletro metallico interno.

I sette[62] uomini trasportati posteriormente sedevano su panche laterali, mentre l'arma posteriore era posizionata al centro su un altro supporto a sfera, identico a quello anteriore. Grazie all'altezza della sovrastruttura corazzata, la ruota di scorta posteriore venne mantenuta senza intralciare il settore di tiro dell'arma posta in ritirata.

---

59 Il veicolo è anche chiamato in alcune pubblicazioni "AS43 Protetta".

60 Vista la natura improvvisata del veicolo, non si hanno dati certi sul numero totale di veicoli totali prodotti. Le fonti iconografiche comunque ci confermano la presenza di almeno 2 esemplari.

61 *Gli Autoveicoli da Combattimento dell'Esercito Italiano (1940-1945), Tomo I, Volume Secondo* riporta come i veicoli fossero stati convertiti all'Officina Centrale o Autoparco della GNR di Piacenza. Questa ipotesi sembra improbabile in quanto il *'Leonessa'* che era anche schierato in Emilia Romagna non sembra abbia utilizzato le *Camionette SPA-Viberti AS43 Autoprotette* in quella regione.

62 Come per molti dettagli, le fonti sono contrastanti, *Gli Autoveicoli da Combattimento dell'Esercito Italiano (1940-1945), Tomo I, Volume Secondo* a pag. 454 riporta il numero di uomini trasportati a 6 + 2 membri dell'equipaggio mentre almeno una foto dell'epoca mostra un totale di 9 uomini a bordo del veicolo, inclusi i 2 membri dell'equipaggio.

A parte il piccolo nucleo trasportato, l'equipaggio era composto da conducente, sulla destra, e comandante sulla sinistra.

L'armamento di bordo era composto da due *Mitragliatrici Medie Breda Modello 1937* azionate frontalmente dal comandante del veicolo e sul retro, da uno dei soldati trasportati a bordo. In totale erano trasportate 2'000 cartucce da 8 mm in 100 lastrine da 20 colpi trasportate in una rastrelliera posizionata tra il comandante ed il conducente e in due piccole rastrelliere sopra gli armadietti laterali[63]. Possiamo ipotizzare che gli armadietti laterali contenessero altri caricatori per mitragliatrice visto l'assenza di un armamento pesante. Entrambe le mitragliatrici erano smontabili dai supporti a sfera ed utilizzabili a terra mediante due treppiedi trasportati su due supporti fissati sopra i parafanghi anteriori previa rimozione delle rastrelliere anteriori delle taniche di benzina.

La prima apparizione pubblica delle *SPA-Viberti AS43 Autoprotette* avvenne il 23 Luglio 1944[64] per una parata del *Gruppo Corazzato M 'Leonessa'* a Milano. In quell'occasione venne inviata nel capoluogo meneghino una compagnia di formazione del *'Leonessa'* con diversi veicoli ruotati (tra cui anche una *Carrozzeria Speciale su SPA-Viberti AS43*) e corazzati che, dopo aver ricevuto la bandiera di guerra dal Gen. Ricci, sfilarono per la città.

Anche per la *Camionetta SPA-Viberti AS43 Autoprotetta* non si conosce precisamente la storia del servizio nelle azioni anti partigiane ma possiamo, con certezza, tracciare il destino finale dei due veicoli di cui abbiamo prove dell'esistenza.

Un primo esemplare venne perso durante un'operazione anti partigiana organizzata dal comandante del *Raggruppamento Anti Partigiani*, il Colonnello Alessandro Ruta iniziata il 6 Marzo 1945.

A capo dell'azione era il Maggiore Gino Cera comandante del *Battaglione Ordine Pubblico* della GNR di Torino e comprendeva una colonna di reparti proveniente da Torino: un plotone della *1ª Compagnia Carri*, con un *Autoblinda AB41* e un *Camionetta SPA-Viberti AS43 Autoprotetta*, due plotoni della *3ª Compagnia Arditi*, alcuni reparti del *Raggruppamento Anti Partigiani* con un'autoblinda da ricognizione *Lancia Lince*[65], circa 80 squadristi della *Iª Brigata Nera 'Ather Capelli'*, una compagnia del *Battaglione Ordine Pubblico* di Torino, la *1ª Compagnia* del *XXIX° Battaglione 'M' d'Assalto* della GNR, la *Compagnia Arditi Sciatori*, il *Plotone Genio del RAP*, e 25 marò del *Distaccamento 'Umberto Cumero'*[66] della *Xª Divisione MAS*.

Da Alba arrivarono invece, la *5ª Compagnia* del *II° Battaglione RAP*, un plotone dell'*8ª Compagnia* e 2 *Cannoni da 75/13 Modello 1915* di una batteria del *X° Gruppo*, oltre ad un plotone del *Reparto Arditi Ufficiali* da Bra, per un totale di circa 350 soldati e ausiliarie[67].

---

63 Le rastrelliere laterali erano esterne alla struttura corazzata e quindi non raggiungibili dall'equipaggio in caso di attacco nemico.
64 La parata fu organizzata dal Generale Renato Ricci, Comandante della *Guardia Nazionale Repubblicana* per "beffarsi" del colpo di stato dell'anno prima che aveva destituito Mussolini.
65 Il veicolo non appare nelle fonti ufficiali ma ne esiste una foto dopo la cattura da parte dei partigiani a Cisterna d'Asti. S. Corbatti e M. Nava, *...Come il Diamante! I Carristi Italiani 1943-'45*, Bruxelles Laran Edition, 2008, pag. 73, op. cit. in bibliografia.
66 Formato da elementi della Xª Divisione MAS nel Marzo 1944 con la forza di una compagnia; era al comando del Tenente di Vascello Aldo Campani. Il compito del distaccamento era di difendere gli stabilimenti FIAT. Il Distaccamento venne richiesto dall'Ingegner Valletta della FIAT. Sostituito nell'Ottobre 1944 dal RAP, confluì nel Distaccamento 'Torino' della Xª Divisione MAS.
67 L'organico completo della colonna è menzionato da P. Crippa, *Storia dei Reparti Corazzati della Repubblica Sociale Italiana*, Milano, Marcia Edizioni, Ottobre 2022, pag. 87-88, op. cit. in bibliografia e da L. Sandri,

Le forze partigiane nell'area erano stimate in circa 1'000 partigiani[68].
L'azione aveva l'obiettivo di rastrellare la provincia di Asti al confine con la provincia di Cuneo[69]. Dopo un primo scontro a Valmellana il 6 Marzo che costò la vita a 17 squadristi[70] della *I^a Brigata Nera 'Ather Capelli'* e vari feriti, l'operazione continuò con pesantissimi scontri a Cisterna d'Asti che terminarono solamente il 7 Marzo 1945.
Dopo essere transitati per Santo Stefano Roero, tra il pomeriggio dell'8 e la mattina del 9 Marzo, la colonna di reparti repubblicani cadde, poco fuori dal paese, in un'imboscata tesa dalle forze partigiane.
L'*Autoblinda AB41* comandata dal Sottotenente Fossati era il veicolo di apertura della colonna, dietro l'autoblindo c'era un *Autocarro FIAT 666NM* con un rimorchio a due assi pieno di militi, seguito dalla *Camionetta SPA-Viberti AS43 Autoprotetta* del Sottotenente Bruno Berneschi, e poi altri autocarri ed auto pieni di soldati e l'*Auotoblinda Lancia Lince* del RAP.
La colonna subì un'imboscata mentre usciva dal paesino e quasi immediatamente, i proiettili perforarono uno degli pneumatici dell'autoblinda al comando del Sottotenente Fossati, immobilizzandola.
Anche l'*Autocarro FIAT 666NM* venne fatto segno di colpi d'arma da fuoco che uccisero alcuni militi e innescarono un incendio. Il Sottotenente Berneschi, ordinò all'autista della camionetta autoprotetta di sorpassare l'AB41 bloccata per sostenere i soldati fascisti vittime dell'imboscata e tenere occupati i partigiani con il fuoco di soppressione. La *Camionetta SPA-Viberti AS43 Autoprotetta* iniziò a muoversi e ad aprire il fuoco, il Sottotenente Berneschi venne ferito ad un occhio mentre maneggiava l'arma anteriore, mentre il veicolo, colpito da diverse raffiche di armi leggere prese fuoco. Berneschi ordinò quindi ai soldati trasportati di uscire dall'autoprotetta e continuò ad aprire il fuoco con la mitragliatrice per coprirli.
Quando cercò di ritirarsi, nell'estrarre l'arma dal supporto a sfera, si espose all'esterno della sagoma del mezzo e venne colpito da una scarica di arma automatica. Immediatamente soccorso dai soldati, fu portato al riparo ma spirò dopo aver ordinato di ripiegare[71].
I restanti veicoli e le truppe raggiunsero la vicina città di Canale, abbandonando vari veicoli tra cui il FIAT 666NM ormai avvolto dalle fiamme con il rimorchio, la *Camionetta SPA-Viberti AS43 Autoprotetta* anch'essa in fiamme, la *Lancia Lince* del RAP e almeno un veicolo civile, una FIAT 508C danneggiata dal fuoco partigiano.
Il Sottotenente Fossati, ferito mentre cercava di sostituire lo pneumatico forato, venne soccorso dal suo equipaggio e riuscì a ritirarsi con l'autoblindo che non cadde in mano partigiana.

Raggruppamento Anti Partigiani (RAP), Reparto Arditi Ufficiali (RAU), Una Documentazione, Milano, edito in proprio, 2020, op. cit. in bibliografia.
68 Le unità partigiane erano: *6ª Divisione Autonoma Alpina 'Asti'* con tre brigate, *Divisione Matteotti 'Tre Confini'* con cinque brigate e *103^a Brigata Garibaldi 'Rolandino'*.
69 Il rastrellamento comprendeva i comuni di San Damiano d'Asti, Montà, Santo Stefano Roero, Cisterna d'Asti e Baldissera d'Alba.
70 Secondo L. Sandri, *Raggruppamento Anti Partigiani (RAP), Reparto Arditi Ufficiali (RAU), Una Documentazione*, Milano, edito in proprio, 2020, op. cit. in bibliografia, i morti furono 18 oltre a 6 catturati, fucilati in seguito dai partigiani e 11 i feriti.
71 Per approfondire la Battaglia di Santo Stefano Roero e sulla morte del Sottotenente Berneschi vedasi il libro *…Come il Diamante! I Carristi Italiani 1943-'45*, Bruxelles Laran Edition, 2008, pag. 175, op. cit. in bibliografia.

A parte il Sottotenente Berneschi, i fascisti subirono 3 vittime e molti feriti. Il 9 Marzo, con l'aiuto di alcuni pezzi d'artiglieria della *Raggruppamento Anti Partigiani* giunti da Torino, le forze fasciste ripresero il controllo dell'area[72].

La seconda *Camionetta SPA-Viberti AS43 Autoprotetta* invece partecipò alla parata del 23 Marzo 1945[73] a Torino sfilando per l'ultima volta per le vie del capoluogo piemontese.

Nelle foto scattate in quest'occasione si può vedere la nuova mimetica a tre toni, con macchie verde scuro e marrone rossicce sull'originale Kaki Sahariano Chiaro che non coprì il simbolo di reparto sui parafanghi e sulle piastre laterali.

Il 25 Aprile 1945 iniziò la grande insurrezione partigiana che però venne ritardata di un giorno a Torino[74]. Il 26 Aprile, il *Comitato di Liberazione Nazionale* regionale diramò l'ordine *"Aldo Dice 26x1"* e le unità *Squadre d'Azione Patriottica* e *Gruppi d'Azione Patriottica*, supportate da alcuni nuclei partigiani che entrarono in città, occuparono le infrastrutture nella periferia riuscendo a spingersi fino al centro storico.

Vennero occupate la sede della 'Gazzetta del Popolo', la Prefettura e anche il Municipio, mentre alla sede dell'EIAR e la Casa Littoria iniziarono furiosi scontri a fuoco.

Entro sera, e per tutto il 27 Aprile, ci furono pesanti scontri con le forze fasciste che contrattaccarono, rioccupando la sede della 'Gazzetta del Popolo', il Municipio e la Prefettura mentre la sede EIAR non venne mai occupata dei partigiani.

La sera del 27 Aprile 1945, venne rifiutata la richiesta di arrendersi presentata alle truppe della *Repubblica Sociale Italiana* da Monsignor Garneri[75] ma venne deciso, di preparare una ritirata organizzata verso la Lombardia, per dirigere verso il *Ridotto Alpino Repubblicano* in Valtellina seguendo il piano *"Esigenza Z2-B - Improvviso"*.

La scelta non fu dettata dalla mancanza di uomini o di viveri e munizioni, ma altresì per la mancanza di comunicazioni con gli altri reparti fascisti nelle altre città italiane. Gli ufficiali torinesi ignoravano che buona parte delle restanti città dell'Italia settentrionale erano già capitolate o erano in situazioni molto più disperate di quella del capoluogo piemontese.

Come punto di raduno fu scelta Piazza Castello, la principale piazza di Torino in cui confluirono i reparti fascisti con la maggior parte dei loro effettivi, alcuni familiari e qualche unità tedesca.

Nella piazza vennero anche portati tutti i veicoli dei reparti italiani ancora funzionanti, sia veicoli blindati che autocarri, caricati all'inverosimile di munizioni, viveri e carburante.

Venne organizzata una colonna al comando del Colonnello Giovanni Cabras[76] con le circa 5'000[77] persone presenti. In testa ed in coda alla colonna furono posizionati i veicoli coraz-

---

[72] In totale, le perdite fasciste nelle operazioni di 4 giorni furono 27 morti e 32 feriti. Le perdite partigiane sono oggetto di dibattito, fonti dell'epoca parlano di 108 morti mentre ad oggi si parla di solo 3 morti ed un numero sconosciuto di feriti.

[73] La parata venne organizzata in onore del 28° anniversario della fondazione dei Fasci di Combattimento.

[74] L'insurrezione a Torino fu ritardata di un giorno rispetto all'insurrezione generale partigiana perché il Colonnello John Melior Stevens, comandante della Missione Alleata in Piemonte temeva un bagno di sangue dopo le parole del Generale tedesco Ernst Schlemmer, comandante delle forze dell'Asse con ancora 75'000 uomini sotto il suo comando tra Piemonte e Liguria, che minacciò di *"Trasformare Torino in una seconda Varsavia"*. Il Col. Stevens provò ad annullare l'attacco su Torino, ritardandolo di un giorno ma dovendo infine cedere all'audacia partigiana.

[75] Monsignor Giuseppe Garneri, rettore del duomo di Torino, venne inviato dal Cardinale di Torino, Maurilio Fossati e dal CLN per trattare la resa.

[76] Giovanni Cabras, comandante provinciale dell'UPI piemontese e comandante del Comando Militare Provinciale di Torino. Comandò la colonna che da Torino raggiunse la zona franca di Strambino.

[77] Si trattava solo di italiani di varie unità fasciste, politici e funzionari, nonché civili e familiari dei soldati.

zati della *1ª Compagnia Carri* del *'Leonessa'* ed in retroguardia il *I° Reparto Arditi Ufficiali* del RAP.

Non si hanno dati precisi, ma la *Camionetta SPA-Viberti AS43 Autoprotetta* faceva parte della colonna è partecipò alla ritirata, che incominciò all'1:40 di notte del 28 Aprile 1945, sotto una leggera pioggia.

Raggiunto il fiume Dora, le avanguardie del *Gruppo Corazzato M 'Leonessa'* sfondarono una barricata partigiana in Corso Giulio Cesare supportate da un *Cannone da 75/13 Modello 1915* del *X° Gruppo d'Artiglieria*, nello scontro 2 uomini del *I° Reparto Arditi Ufficiali* vennero uccisi. Proseguendo poi verso Milano sull'Autostrada A4 la colonna raggiunse Chivasso all'alba.

Da Chivasso la colonna iniziò a prendere strade secondarie perché troppo esposta agli attacchi aerei alleati; nel cambiare strada, la piccola aliquota di tedeschi si staccò dalla colonna e proseguì per conto proprio verso Milano.

La mattina del 29 Aprile 1945 la colonna raggiunse Cigliano dove subì mitragliamenti aerei da parte di aerei Alleati. Pare che non ci furono morti o veicoli distrutti anche se, lungo il tragitto, un autocarro sbandò ribaltandosi con la conseguente morte di alcuni occupanti.

Dopo una giornata di marcia la sera del 29 Aprile la colonna pernottò a Livorno Ferraris dove i reparti appresero della morte di Mussolini.

Ormai inutile il raggiungimento della Valtellina, si optò per raggiungere Strambino Romano, un'area franca dove attendere gli alleati per consegnarsi a loro.

Raggiunto Strambino, dopo alcuni giorni di attesa, in cui altri reparti, fascisti e tedeschi si unirono alle truppe di Torino per attendere le divisioni alleate, il 5 Maggio 1945 il Generale Adami Rossi[78], a capo delle truppe della zona franca, firmò la resa delle truppe italiane con le truppe alleate. A Strambino Romano si erano ammassati tra i 15 e i 20'000 uomini[79] e tra i migliaia automezzi consegnati agli alleati c'era l'ultimo esemplare di *Camionetta SPA-Viberti AS43 Autoprotetta*, di cui purtroppo il destino finale è sconosciuto.

La maggior parte dei tedeschi presenti in città, presero altre strade unendosi alle divisioni tedesche in ritirata dalla Val Susa o dalla Liguria che non entrarono a Torino per non rimanere bloccate nella città.

78 Il Generale Enrico Adami Rossi, comandante del Comando Militare Regionale piemontese e firmò la resa delle truppe italiane nella zona franca di Strambino Romano.

79 Il numero, riportato dalla maggior parte delle fonti, era in realtà maggiore: oltre ai 5'000 repubblicani arrivati da Torino, nell'area di Strambino Romano arrivò la *5. Gebirgsjäger-Division* con 16'775 soldati tedeschi e 3'517 italiani e russi con 124 pezzi d'artiglieria vari, 615 mitragliatrici, 12 Panzer IV, 12 semoventi e 9 autoblindo di produzione italiana, 1'255 veicoli a motore e 5'511 animali.
Anche la *34. Infanterie-Division* con i suoi 10'000 effettivi si attestò 15 km più a nord insieme alla *Compagnia OP* di Imperia e al *Raggruppamento 'Cacciatori degli Appennini'*. Dati tratti da L. Sandri, *La 5^ Gebirgs Division sul Fronte Italiano 1943-1945: Una Documentazione*, op. cit. in bibliografia e M. Nava, *La 34^ Infanterie Division sul Fronte Italiano: 1943-1945*, op. cit. in bibliografia.

▲ Un esemplare di *Camionetta SPA-Viberti AS43 Autoprotetta* in manutenzione. In questa immagine si possono notare il distintivo sul parafango, i due treppiedi delle *Mitragliatrici Medie Breda Modello 1937* i pneumatici *Pirelli Tipo 'Artiglio'*, la manovella di avviamento fissata sul supporto sul paracarri, la piastra frontale per il conducente con vetro antiproiettile e la portiera sul lato sinistro del veicolo. Tutti i militi sono equipaggiati con elmetto M33 ed indossano la giubba corta grigio-verde a due tasche, introdotta nella Primavera del 1944, sotto alla quale portano la camicia nera. I pantaloni sono simili a quelli dei carristi ma con tasconi alle ginocchia i quali vengono inseriti direttamente nello scarponcino come il modello da paracadutisti. (Elvezio Borgatti)

▲ Un'altra immagine di *Camionetta SPA-Viberti AS43 Autoprotetta* con 9 militi a bordo nella Primavera del 1944. Da questa angolazione è ben visibile l'armadietto corazzato sopra il serbatoio, rimasto senza protezioni, e la feritoia a lato del veicolo. I militi del *Gruppo Corazzato M 'Leonessa'* usciti probabilmente di pattuglia, sono equipaggiati con elmetto M33, compreso il pilota che ha anche gli occhiali da motociclista. (Nino Arena)

▼ Vista posteriore di una *Camionetta SPA-Viberti AS43 Autoprotetta*. Il supporto a sfera per la *Mitragliatrice Media Breda Modello 1937* è ben visibile sul retro della sovrastruttura corazzata. Il vano posteriore in legno e la ruota di scorta rimangono invariati come anche l'armadietto corazzato ed il serbatoio. (Officine Viberti)

▲ Una *Camionetta SPA-Viberti AS43 Autoprotetta* della compagnia di formazione del *Gruppo Corazzato M 'Leonessa'* inviata a Milano per la sfilata del 23 Luglio 1944, anniversario del Gran Consiglio che dichiarò decaduto il Fascismo. Gli arditi a bordo indossano la nuova uniforme dal taglio tedesco di colore blu scuro ed il basco. Il veicolo è fotografato in Piazza Duomo, e probabilmente chiudeva l'autocolonna di veicoli corazzati, infatti dietro la camionetta sono ben visibili un *Autocarro FIAT 626NM* ed un *FIAT 666NM*. (Elvezio Borgatti)

▼ Un'immagine scattata successivamente alla battaglia di Santo Stefano Roero l'8 Marzo 1945. Il veicolo in questione è certamente la *Camionetta SPA-Viberti AS43 Autoprotetta* del Sottotenente Berneschi ribaltata probabilmente per liberare la strada dopo lo scontro. Gli pneumatici sono assenti, divorati dalle fiamme dell'incendio sviluppatosi sul mezzo.

▲ *Camionetta SPA-Viberti AS43 Autoprotetta* targata 'GNR 438' del *Gruppo Corazzato M 'Leonessa'* durante la parata del 23 Marzo 1945 in Via Roma a Torino seguita da un *Autocarro FIAT 666NM* dello stesso reparto.

▼ *Camionetta SPA-Viberti AS43 Autoprotetta* del *Gruppo Corazzato M 'Leonessa'* durante la medesima parata. Il veicolo ha ricevuto la mimetica a tre toni che non ha coperto i distintivi di reparto sul parafango. I militi indossano il basco nero ed una uniforme nera sul modello di quelle da carrista tedesche introdotte nel 1942.

▲ Alcuni veicoli delle truppe dell'Asse che si arresero a Strambino Romano il 5 Maggio 1945 a guardia di un soldato americano della 34th *Infantry Division*. Si possono ben vedere un *Carro Comando Semoventi M42*, quattro *Carri Armati M15/42* ed un *Carro Armato M14/41*. Dietro alle file di veicoli corazzati, sulla sinistra si scorge la sagoma di una *Camionetta SPA-Viberti AS43 Autoprotetta*. Oltre ad i veicoli corazzati si possono distinguere due *Autocarri FIAT 626NLM*, un *FIAT-SPA 38R*, un *Lancia 3Ro* e due *Autoblinde AB43*. (Elvezio Borgatti)

▼ L'Autocarro FIAT 666NM dopo i combattimenti di Santo Stefano Roero. Come la Camionetta SPA-Viberti AS43 Autoprotetta, il veicolo è stato pesantemente danneggiato dalle fiamme. (Per gentile concessione di Paolo Crippa)

▲ Il rimorchio unificato pesante trainato dall'Autocarro FIAT 666NM durante gli scontri di Santo Stefano Roero, anche lui sul ciglio della strada, completamente distrutto. (Per gentile concessione di Paolo Crippa)

▼ Una FIAT 508C delle ultime serie è distrutta e capovolta a lato della strada dopo i combattimenti del Marzo 1945 a Santo Stefano Roero. Anche lei, come tutti gli altri veicoli, porta i segni di un incendio. (Per gentile concessione di Paolo Crippa)

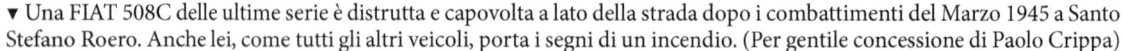

Camionetta SPA-Viberti AS43 Blindata

Non solo la *Guardia Nazionale Repubblicana* impiegò il telaio della *Camionetta SPA-Viberti AS43* come base dei suoi veicoli improvvisati, ma anche la *Xª Divisione MAS* della *Marina Nazionale Repubblicana*.

La *1ª Compagnia* del *Battaglione 'Fulmine'*, creato nel Marzo 1944 e comandata dal Tenente Colonnello Luigi Carallo ebbe almeno una camionetta blindata artigianalmente in servizio nella sua unità, la cosiddetta *Camionetta SPA-Viberti AS43 Blindata*.

Il *Battaglione 'Fulmine'*, composto in maggioranza da soldati appartenuti prima dell'armistizio alla specialità dei Bersaglieri, era composto da tre compagnie ed era dotato di 3 furgoncini FIAT 1100 ed un FIAT 1100 blindato artigianalmente, almeno un camion leggero OM Taurus, un Bianchi Miles, 3 mortai da 81 mm e 2 fucili anticarro svizzeri Solothurn S-18/1000[80].

Secondo la già citata relazione dell'*Arsenale Esercito di Torino* del 23 Marzo 1945, la *Xª Divisione MAS* ricevette, tra le altre cose, *"due scudature ed armamento di autoprotette"*. Una delle due scudature andò certamente ad equipaggiare la *AS43 Blindata*, mentre la seconda ebbe un destino sconosciuto.

Dalla testimonianza di Maurizio Gamberini[81], reduce del *Battaglione 'Fulmine'*, la carrozzeria blindata fu assemblata da operai della FIAT dopo i turni di lavoro in uno degli impianti dell'azienda di Torino purtroppo non precisando quale nel suo resoconto.

Molte fonti riportano come il telaio potesse essere quella di una *Camionetta SPA-Viberti AS42* ma dalle immagini possiamo dedurre che il veicolo fosse su telaio *SPA-Viberti AS43* per la presenza del vano motore anteriore e le dimensioni contenute rispetto alla *Camionetta AS42*.

Al telaio fu fissata una sovrastruttura corazzata, in parte saldata, in parte imbullonata.

Partendo dalla parte anteriore, il vano motore aveva un'armatura angolata con una griglia per il radiatore ed alcuni portelli d'ispezione superiori.

Anteriormente nella cabina di guida trovavano posto il conducente, sulla destra ed il comandante sulla sinistra, con a disposizione una mitragliatrice su supporto a sfera.

Il vano di combattimento che comprendeva tutta la parte centrale e posteriore del veicolo aveva una sovrastruttura dietro le posizioni del conducente e del comandante ove erano poste altre due mitragliatrici, una anteriore ed una in ritirata[82].

Per accedere ed uscire dal mezzo era probabilmente presente una porta posteriore di cui purtroppo non ci sono fonti fotografiche.

Sopra la posizione del comandante, sulla sinistra, era presente una botola utilizzata per controllare il campo di battaglia mentre una seconda botola era sul cielo della sovrastruttura ed era utilizzata per operare il faro posto anteriormente.

I parafanghi delle ruote furono rimossi e sostituiti con modelli corazzati, più lunghi degli originali e di forma diversa, con i fanali incassati all'interno. Questi coprivano anche gli pneumatici per proteggerli dal fuoco delle armi leggere. Le piastre laterali del parafango po-

---

80 Equipaggiamento visibile durante l'apparizione pubblica del 29 Ottobre 1944 a Torino ed in altre foto.
81 Testimonianza riportata in …*Come il Diamante*, pag. 100, op. cit. in bibliografia.
82 Non ci sono pervenute fotografie del retro del veicolo e la presenza della mitragliatrice in ritirata è tuttora solamente ipotizzata. L'arma appare comunque in diverse illustrazioni presentate da diverse pubblicazioni negli ultimi anni.

tevano essere aperte per cambiare gli pneumatici o per la manutenzione delle sospensioni. La corazza dell'autoblinda era molto leggera, ciò potrebbe significare che lo spessore era molto limitato, compreso tra 4 mm e 6 mm.

Questo significa che, nonostante l'ingombro, il veicolo aveva un peso limitato mantenendo, per quanto possibile una certa velocità su strada.

La mimetica della *Camionetta SPA-Viberti AS43 Blindata* era a tre toni già incontrata sui veicoli citati in precedenza, Kaki Sahariano Chiaro con macchie verde scuro e marroni rossicce.

La prima volta che il veicolo venne fotografato fu il 29 Ottobre 1944, durante una parata a Torino, in occasione della consegna della bandiera di guerra del *Battaglione 'Fulmine'*. la *Camionetta SPA-Viberti AS43 Blindata* sfilò, insieme agli altri veicoli del battaglione, per Via Roma per poi raggiungere Piazza Castello ove il reparto venne passato in rassegna nel cortile di Palazzo Reale da alcuni ufficiali che consegnarono la bandiera di guerra.

Alcuni giorni prima, il 10 Ottobre 1944, alcuni reparti partigiani[83] del *1º Gruppo Divisioni Alpine* al comando di Enrico 'Mauri' Martini entrarono nella città di Alba[84], 50 km a sud di Torino creando la *Repubblica Partigiana di Alba* che rimase libera e autonoma per 23 giorni.

Il 30 Ottobre il Colonnello Alessandro Ruta del RAP ricevette l'ordine dal Commissario Straordinario per il Piemonte, Paolo Zerbino di rioccupare Alba. Oltre ai 600 uomini del RAP dislocati a Torino e Bra il Col. Ruta chiese ed ottenne rinforzi dalle brigate nere, dalla GNR e dalla *Xª Divisione MAS*.

Il 2 Novembre 1944, al comando del Colonnello Alessandro Ruta i reparti della *Repubblica Sociale Italiana* tra i quali: unità di formazione della *Iª Brigata Nera 'Ather Capelli'* di Torino e della *Vª Brigata Nera 'Carlo Lidonnici'* di Cuneo, il *Iº Reparto Arditi Ufficiali* e un plotone del *IIº Reparto Arditi Ufficiali* del RAP, il *Xº Battaglione Speciale*, il *Battaglione 'Lupo'* e il *Battaglione 'Fulmine'*, i *Gruppi d'Artiglieria da Campagna 'Da Giussano'* e *'San Giorgio'* della *Xª Divisione MAS* ed alcuni reparti del *Gruppo Corazzato M 'Leonessa'*[85] per un totale di circa 1'000 soldati attaccarono la repubblica partigiana per rioccupare Alba.

Le forze erano divise in tre colonne: la colonna nord attraversò il Tanaro a nuoto, su natanti e dalla passerella del Mussotto puntando su Alba passando da Porta Tanaro e Porta Cherasco. La colonna est, con il supporto delle unità corazzate doveva conquistare alcune cascine a sud-est di Alba per poi muoversi verso Porta Savona e supportare con un distaccamento corazzato l'avanzata della colonna nord su Porta Cherasco. L'ultima colonna, la sud-ovest doveva procedere ad occupare alcune cascine e poi avanzare sulla rotabile Alba-Roddi per bloccare qualsiasi tentativo di ritirata verso sud-ovest[86].

---

[83] All'attacco presero parte circa 2'000 partigiani, appartenenti soprattutto alla *2ª Divisione Autonoma 'Langhe'*.

[84] Ad Alba, dal 3 Ottobre c'era un presidio di 300 alpini al comando del Tenente Colonnello Ippolito Radaelli del *Battaglione Alpini 'Cadore'*. I 300 uomini si ritirarono dopo un accordo con i partigiani portando via tutte le armi e l'equipaggiamento.

[85] Il *'Leonessa'* distaccò 3 carri armati e 2 blindati per la presa di Alba, come viene menzionato ne *...Come il Diamante*, pag. 171. Oltre alla *Camionetta AS43 Blindata* la *Xª Divisione MAS* impiegò anche un Carro Armato L6/40 del *Battaglione 'Lupo'* sprovvisto però del cannone da 20 mm.

[86] F. Barbano, *I Fatti Militari di Alba in alcuni Documenti Partigiani e Repubblicani (10 Ottobre 1944-15 Aprile 1945)*, MLI, Numero 4, Gennaio 1950, pag. 29, op. cit. in bibliografia.

Le unità partigiane che difendevano la città erano la *2ª Divisione Autonoma 'Langhe'*, la *1ª Brigata Partigiana 'Castellino'* e la *23ª Brigata Partigiana 'Canale'* del *1° Gruppo Divisioni Alpine*, la *48ª Brigata Garibaldi 'Dante Di Nanni'* e la *78ª Brigata Garibaldi 'Devic'*.

Dopo alcune ore di combattimenti, verso mezzogiorno la città venne rioccupata dalle truppe fasciste. La *Camionetta SPA-Viberti AS43 Blindata* fu trasportata ad Alba, anche se probabilmente non venne utilizzata nell'attacco alle linee partigiane per l'impossibilità di traghettare mezzi blindati attraverso il fiume Tanaro. Rimasta quindi sulla sponda nord del Tanaro, fornì, se possibile, supporto di fuoco alle truppe fasciste all'attacco[87]. Dopo una strenua difesa, Alba venne riconquistata dalle forze fasciste ed i primi veicoli entrarono nella città[88].

Dopo le azioni di Alba, il *Battaglione 'Fulmine'* operò nell'Astigiano ed il 12 Novembre 1944, venne impiegata in un'azione anti partigiana a Locana, in Val d'Orco 90 km da Asti, che era stato occupato dai partigiani.

Il veicolo era comandato dal Sergente allievo ufficiale Filippo Prestipino, il marò Rino Pazzi ne era il conduttore. Completavano l'equipaggio il Sergente allievo ufficiale Gianni Schietti ed il marò Maurizio Cannella[89].

A fine anno, il *Battaglione 'Fulmine'* fu trasferito in Veneto, nella zona di Conegliano Veneto dove combatté contro i partigiani sloveni del *IX° Corpus* di Tito. Secondo le testimonianze dei veterani, anche la *Camionetta SPA-Viberti AS43 Blindata* fu trasferita in Veneto, arrivando 2 giorni dopo il reparto, ma a causa del terreno carsico e per la mancanza di pezzi di ricambio, il veicolo venne abbandonato in caserma e mai più impiegato.

SPA-Viberti AS43 Ambulanza Scudata

La necessità di avere in servizio un'autoambulanza protetta per evacuare i feriti sui campi di battaglia venne riscontrata già dai primissimi anni di guerra durante le operazioni in Africa Settentrionale insieme alla necessità di veicoli da trasporto truppe corazzati. Solamente dopo l'armistizio dell'8 Settembre 1943, però venne studiata un'ambulanza scudata per le truppe italiane.

Il progetto venne messo a punto dalle Officine Viberti[90] di Torino dopo lo sviluppo della *Carrozzeria Speciale su SPA-Viberti AS43* nel 1944.

---

87 Nonostante non sia certamente una fonte granitica in quanto romanzata, va menzionata la presenza di *"due grosse macchine semiblindate"* usate dalle truppe repubblichine nell'entrare ad Alba dopo la ritirata partigiana, citate da Beppe Fenoglio ne *Il Partigiano Johnny*, Torino, Einaudi, 2014, pag. 303.
88 Per quanto riguarda le perdite ci sono fonti contrastanti: la relazione ufficiale della RSI parlò di 4 morti repubblicani e 10 feriti, contro 29 partigiani uccisi, 30 "probabili", 10 passati per le armi, 14 catturati e 40 sospetti fermati oltre ad un'ottantina di feriti. Monsignor Luigi Maria Grassi, Vescovo d'Alba riportò invece 4 morti fascisti e 4 partigiani più altri 4 partigiani feriti. F. Barbano, *I Fatti Militari di Alba in alcuni Documenti Partigiani e Repubblicani (10 Ottobre 1944-15 Aprile 1945)*, MLI, Numero 4, Gennaio 1950, pag. 34, op. cit. in bibliografia.
89 P. Crippa, *Storia dei Reparti Corazzati della Repubblica Sociale Italiana*, Milano, Marcia Edizioni, Ottobre 2022, pag. 139, op. cit. in bibliografia.
90 N. Pignato, F. Cappellano, *Gli Autoveicoli da Combattimento dell'Esercito Italiano (1940-1945), Tomo I, Volume Secondo*, Roma, USSME, 2002, pag. 454, op. cit. in bibliografia.

▲ Marò della X^a Divisione MAS sfilano durante la cerimonia in cui vennero ricevuti i gagliardetti di reparto il 29 Ottobre 1944 nella Piazzetta Reale di Torino. Dalla destra dell'immagine si possono notare alcuni veicoli in dotazione alla 1ª Compagnia del Battaglione 'Fulmine': il vano motore della *Camionetta SPA-Viberti AS43 Blindata*, tre *FIAT 1100*, una *FIAT 508CM* ed alcune motociclette. Davanti ai veicoli, tre *Mortai da 81 mm Modello 1935*. (Panzarasa)

▼ Un'altra immagine della medesima cerimonia. In questa, la sagoma della *Camionetta SPA-Viberti AS43 Blindata* può essere apprezzata. Sulla sua sinistra un *Autocarro OM Taurus* e due Fucili Anticarro *Solothurn S-18/1000*. (Panzarasa)

▲ ▼ Due immagini di Marò della *1ª Compagnia* del *Battaglione 'Fulmine'* in posa davanti alla *Camionetta SPA-Viberti AS43 Blindata* a Locana il 12 Novembre 1944. Purtroppo nelle immagini il veicolo è solo parzialmente visibile, ciò nondimeno, nella seconda immagine dietro la canna del MAB38 del soldato sulla sinistra, si può intravedere parte di quello che sembra essere il portello posteriore della camionetta. (Panzarasa)

▲ La *Camionetta SPA-Viberti AS43 Blindata* in Via Roma a Torino sfila dopo che il reparto ha ricevuto i gagliardetti il 29 Ottobre 1944. Dall'immagine si possono ben vedere gli uomini dell'equipaggio dai portelli aperti. (Panzarasa)

▼ Un'autocolonna della *1ª Compagnia* del *Battaglione 'Fulmine'* avanza verso il paese di Locana, in Piemonte il 12 Novembre 1944. Purtroppo l'angolazione dello scatto non permette di identificare gli autocarri del reparto. Sono invece riconoscibili la *Camionetta SPA-Viberti AS43 Blindata* e la *FIAT 1100 Protetta*, soprannominata 'V2' dai marò a causa del rumore che emetteva a motore acceso. (Panzarasa)

▲ La medesima immagine ingrandita per permettere di apprezzare la goffa sagoma della *Camionetta SPA-Viberti AS43 Blindata* della *1ª Compagnia* del *Battaglione 'Fulmine'*. (Panzarasa)

Vista anche la situazione in cui si trovavano le truppe italiane ormai a fine del conflitto i tecnici della Viberti semplificarono lo sviluppo utilizzando parte della struttura corazzata della carrozzeria speciale e del *FIAT-SPA S37 Autoprotetto* sviluppato nell'Aprile 1941.

Non è chiaro il motivo per cui l'ufficio di progettazione delle Officine Viberti abbia preso la decisione di utilizzare la sovrastruttura corazzata dell'*S37 Autoprotetto*. Gli S37 vennero assemblati allo stabilimento SPA di Torino dove probabilmente si trovavano ancora delle sovrastrutture corazzate[91] e partendo da queste parti sfuse si sarebbe potuto assemblare un eventuale prototipo risparmiando sulle materie prime, sul tempo e sul costo di assemblaggio.

Purtroppo, il progetto rimase solo sulla carta e non possiamo dire molto delle sue caratteristiche. Nonostante la sovrastruttura fosse ereditata dagli autoprotetti, il motore, le sospensioni e i parafanghi rimanevano invariati dalle *Camionette SPA-Viberti AS43*. La struttura corazzata era più lunga di quella della *Carrozzeria Speciale su SPA-Viberti AS43* e meno angolata di quella degli *S37 Autoprotetti* per incrementare il volume interno del veicolo.

Anteriormente, dietro il vano motore, prendevano posto il conducente sulla destra ed il comandante, probabilmente un ufficiale medico, sulla sinistra.

---

91 Il 24 Maggio 1941 furono ordinati 200 *FIAT-SPA S37 Autoprotetti* di cui ne furono consegnati solo 150, e quindi plausibile che un piccolo lotto di sovrastrutture fosse ancora presente alla SPA.

▲ Il *FIAT-SPA S37 Autoprotetto* ripreso durante i test al Centro Studi ed Esperienze della Motorizzazione di Roma. La *SPA-Viberti AS43 Ambulanza Scudata* avrebbe mantenuto il medesimo vano motore e una sovrastruttura posteriore simile, ma sarebbe stata montata sul telaio di una Camionetta SPA-Viberti AS43 anziché del FIAT-SPA AS37. (USSME)

Il comandante non aveva una porta d'accesso in quanto sul lato sinistro era montato un supporto per la ruota di scorta. La porta corazzata, in due sezioni, era esclusivamente sul lato destro mentre sul retro trovava posto un portellone centrale, anch'esso diviso in due sezioni, di grandi dimensioni per una facile salita e la discesa dei barellieri.

Abbiamo certezza della presenza di un sedile accanto all'autista in quanto, sui progetti originali del veicolo, si possono vedere due feritoie, una per il conducente ed una per un secondo uomo, assente invece sul *FIAT-SPA S37 Autoprotetto* e sull'*Autoblinda AS37*.

Dai disegni originali sembra che il veicolo fosse dotato di due supporti per barelle sulla sinistra e tre sedili sulla destra per feriti meno gravi e per i barellieri[92]. I due supporti per barelle, posti uno sopra l'altro, potevano essere reclinati contro la struttura corazzata per diminuire l'ingombro quando non utilizzati[93].

Il cielo della sovrastruttura corazzata, inclinato, poteva essere aperto, probabilmente per far entrare luce all'interno del compartimento sanitario sprovvisto di luci elettriche interne.

Per quanto riguarda la protezione, nulla ci è dato sapere sugli spessori di corazza del veicolo, ma condividendo parti della sovrastruttura corazzata con il *FIAT-SPA S37 Autoprotetto*, possiamo ipotizzare che la corazza fosse di spessore similare, ossia tra gli 8,5 mm ed i 6 mm, adeguata a proteggere l'equipaggio e i feriti dal fuoco di armi leggere e schegge

---

[92] Purtroppo non si hanno dati precisi sull'equipaggio del veicolo, è possibile che il conducente fungesse anche da barelliere per ridurre a 3 il numero di membri dell'equipaggio (conducente/barelliere, medico e secondo barelliere) per poter trasportare fino a 4 feriti (due in barella, due seduti).

[93] In caso di necessità l'equipaggio avrebbe potuto stendere una sola barella sul supporto inferiore ed utilizzarla come panca di fortuna per far sedere un numero maggiore di feriti meno gravi.

d'artiglieria. Per quanto riguarda il peso totale, possiamo ipotizzare che non si discostasse molto da quello dei *FIAT-SPA S37 Autoprotetto* da 5,3 tonnellate mentre la velocità e l'autonomia potrebbero essere paragonabili a quelle della *Carrozzeria Speciale su SPA-Viberti AS43* condividendone motore e organi di trazione. Ovviamente, il peso ridotto di circa una tonnellata avrebbero incrementato, anche se di poco, le prestazioni dell'ambulanza.

Purtroppo a causa delle condizioni disperate in cui versava la Repubblica Sociale Italiana lo sviluppo dell'ambulanza scudata si fermò al solo progetto su carta non venendo nemmeno proposto agli ufficiali italiani o tedeschi.

Certamente un autoprotetta interessante e unica nel suo genere, in quanto gli unici veicoli similare erano i semicingolati tedeschi Sd.Kfz. 251 *Krankenpanzerwagen* (Ambulanza Blindata) che però altro non erano che semplici semicingolati da trasporto truppe con piccole modifiche interne. Se fosse stata studiata e presentata prima dell'Armistizio dell'8 Settembre 1943 avrebbe potuto facilitare l'evacuazione di feriti sul campo di battaglia salvando la vita a molti soldati.

Il Gruppo Arditi Camionettisti Italiani

Come per i militi della *1ª Divisione Corazzata Legionaria 'M'*, altri soldati italiani non accettarono l'armistizio dell'8 Settembre 1943 con le forze alleate.

Tra le unità che dal primo momento decisero di continuare a combattere i tedeschi, c'erano alcune compagnie del *X° Reggimento Arditi*[94].

La *112ª Compagnia Camionettisti d'Assalto*[95] del *II° Battaglione* e la *133ª Compagnia Camionettisti d'Assalto*[96] del *III° Battaglione*[97] del *X° Reggimento Arditi*. Le due compagnie si mossero da Santa Severa (sede dell'unità) verso Roma con un numero non chiaro di *Camionette SPA-Viberti AS42 'Metropolitane'*[98]. Lungo il tragitto per Roma, si unirono al drappello di volontari vari gruppi di unità italiane fedeli all'alleato tedesco. Arrivati nella capitale il 18 Settembre 1943 con una forza totale di circa 300 volontari[99], Paris si mise in contatto con la *2. Fallschirmjäger-Division "Ramcke"*[100] riuscendo a fare integrare i suoi uomini della divisione tedesca.

---

[94] Il *X° Reggimento Arditi* venne creato il 26 Aprile 1942, inizialmente con la forza di battaglione e chiamato *I° Battaglione Speciale Arditi* e con la successiva creazione di altri tre battaglioni. Ogni battaglione aveva tre compagnie, una composta da paracadutisti, una da nuotatori ed una terza di camionettisti. L. E. Longo, *I "Reparti Speciali" Nella Seconda Guerra Mondiale*, Milano, Mursia, 1991, pag. 108-109, op. cit. in bibliografia.

[95] Ogni *Compagnia Camionettisti* era su 4 pattuglie. Ogni pattuglia era composta di 2 ufficiali e 18 arditi ed equipaggiata con 6 camionette. E. Finazzer e L. Carretta, *Le Camionette del Regio Esercito*, Trento, Gruppo Modellistico Trentino, 2014, pag. 33-34. op. cit. in bibliografia.

[96] Dopo l'arresto di Mussolini il 25 Luglio 1943, il *Reggimento 'Giovani Fascisti'* composto da giovanissimi scampati alla cattura in Africa Settentrionale dopo il rimpatrio perché feriti o malati di malaria venne sciolto. Molti giovani chiesero ed ottennero di essere inseriti nel *X° Reggimento Arditi*. Venne quindi creata la *133ª Compagnia Camionettisti d'Assalto* mentre altri furono probabilmente assegnati ad altre compagnie.

[97] Molte fonti danno dati contrastanti, ci limitiamo a fare i nomi delle due compagnie che vengono citate da tutte le fonti.

[98] Le fonti riportano da un minimo di 6 ad un massimo di 9 camionette con cui i volontari si presentarono alle truppe tedesche a Roma.

[99] Dei circa 300 volontari, oltre un centinaio provenivano dal *X° Reggimento Arditi*, gli altri provenivano (in massima parte) dalla *183ª Divisione paracadutisti 'Ciclone'* e dagli *Arditi Distruttori della Regia Aeronautica*.

[100] La *"Ramcke"*, così chiamata dal nome del General der Fallschirmtruppe Hermann-Bernhard Ramcke che la comandò dal Gennaio al Settembre 1943 e dal Giugno a Settembre 1944, venne creata nel 1943 ed impiegata in Italia fin dal 26 Luglio 1943. Prese parte all'occupazione di Roma e alla liberazione di Mussolini sul Gran Sasso il 12 Settembre 1943.

I volontari furono da subito impiegati per l'ordine pubblico nella capitale italiana, presidiando anche la sede dell'EIAR e stabilendosi, con il resto della divisione tedesca, a Castel di Decima fuori Roma[101].

A quel punto un totale di 107 volontari italiani furono inquadrati nella divisione paracadutista tedesca dei quali 47 arditi vennero posti al comando del Capitano Paolo Paris coadiuvato dal Tenente Pania[102] ed equipaggiati con le camionette. Dei restanti circa 200 volontari nulla ci è dato sapere. Probabilmente vennero riassegnati ad altre unità della neonata *Repubblica Sociale Italiana*.

L'unità al comando del Cap. Paris venne rinominata *Gruppo Arditi Camionettisti Italiani* o *Spähungs-Abteilung "Paris"*[103]. Il gruppo, utilizzato come unità da ricognizione, venne diviso in due sezioni, ognuna delle quali con un ufficiale tedesco con compiti di interprete e mantenne, in un primo periodo, le uniformi italiane.

Nell'Ottobre 1943 il reparto prese parte ad una sessione d'addestramento della *2. Fallschirmjäger-Division* nei pressi dei Colli Albani a sud-est di Roma per poi venire trasferita sul Fronte Orientale, al seguito dell'unità tedesca alla fine del mese.

Il trasferimento per ferrovia fu rallentato dai bombardamenti alleati e dalle cattive condizioni meteo e soltanto a metà Novembre gli *Arditi Camionettisti* giunsero nella città ucraina di Žytomyr[104], in tempo per partecipare alle azioni difensive contro l'Armata Rossa, sostenendo i primi combattimenti a 40 km da Kiev.

A causa della scarsità di materiale, i Camionettisti integrarono il loro vestiario con uniformi della Luftwaffe e dello Heer a cui vennero però appuntati il fregio degli Arditi ed il distintivo dei Giovani Fascisti, per concessione del Comando della divisione tedesca.

Tra il 3 ed il 13 Novembre 1943 si era combattuta la Seconda Battaglia di Kiev e i sovietici lanciarono, poco dopo una piccola serie di offensive in preludio di una più grande offensiva.

A metà Dicembre il *Gruppo Arditi Camionettisti Italiani* seguì due compagnie della *2. Fallschirmjäger-Division* in un trasferimento aereo a Kirovohrad[105] fungendo da rinforzi per respingere l'avanzata sovietica. Raggiunti dal resto della divisione paracadutisti e dalle camionette, a fine mese i soldati italiani ed i loro veicoli vennero assegnati a quattro compagnie della *2. Fallschirmjäger-Division* cessando quindi di esistere come unità organica[106].

I primi scontri in cui i Camionettisti ebbero feriti furono a Pervomajs'k[107] contro le truppe tartare e mongole dell'Armata Rossa, che riuscirono anche a distruggere le prime due camionette.

In uno di questi scontri iniziato il 20 Dicembre 1943, la *2. Fallschirmjäger-Division* in concerto con alcune unità del *XXXXVIII. Panzerkorps* tentò di accerchiare svariate unità co-

---

101 P. Crippa, *Storia dei Reparti Corazzati della Repubblica Sociale Italiana*, Milano, Marcia Edizioni, Ottobre 2022, pag. 129, op. cit. in bibliografia.
102 R. Giuseppe, *L'Organizzazione Militare della RSI: sul Finire della Seconda Guerra Mondiale*, Greco & Greco, 1998 pag. 145, op. cit. in bibliografia.
103 La designazione del reparto in tedesco è citata in: N. Arena, *RSI, Forze Armate della Repubblica Sociale Italiana, La Guerra in Italia 1943*, pag. 311 in cui è però erroneamente riportata come "Spahnung Abteilung".
104 Житомир in Ucraino, spesso traslitterata anche in Zhytomyr o Shitomir.
105 Кіровоград, anche traslitterato Kirovograd.
106 P. Crippa, A. Tallillo, *Corazzati Italiani in Russia 1941-1944*, Milano, Witness to War, Dicembre 2022, op. cit. in bibliografia.
107 Первомайськ, anche traslitterata Perwonaisk.

razzate e di fanteria sovietiche a sud-est di Korosten nella zona di Meleni. Il 23 Dicembre 1943 l'accerchiamento non era ancora completato ed il giorno dopo i tedeschi furono costretti a desistere dopo l'inizio dell'offensiva sovietica di Žytomyr–Berdyčiv iniziata il 24 Dicembre 1943, ritirandosi a Žytomyr.

Il 27 Dicembre 1943 un gruppo di 24 arditi al comando del Cap. Paris venne inviato a recuperare 3 semoventi *StuG. III Ausf. G* ed i loro equipaggi del *242. Sturmgeschütz-Abteilung* della *2. Fallschirmjäger-Division* rimasti bloccati davanti alle linee sovietiche. Dopo un primo scontro, gli arditi italiani dovettero tornare alle proprie linee per rifornirsi di munizioni e lanciarsi nuovamente all'attacco delle pattuglie sovietiche che tentavano di avvicinarsi ai tre veicoli tedeschi. Nello scontro finale, avvenuto all'arma bianca, gli italiani riuscirono a battere i sovietici che lasciarono sul campo diversi morti e feriti[108]. Anche le perdite italiane però furono ingenti, con solo 4 degli arditi incolumi, gli altri sono da considerarsi o morti o feriti. Nello scontro perse la vita anche il Capitano Paolo Paris[109].

Nei giorni successivi i sovietici incalzarono la *2. Fallschirmjäger-Division* che fu costretta a ripiegare scontrandosi ripetutamente con le truppe dell'Armata Rossa a Ol'shanka[110] (60 km ovest di Žytomyr), Yuzefpol e Chausovo[111].

Venne quindi attraversato il Fiume Dnjestr e altri scontri avvennero nei villaggi di Duschka e Onizkan[112] dove verosimilmente, le ultime camionette vennero perse in combattimento. A Febbraio 1944 quando i Camionettisti si ritirarono ad ovest del Fiume Prut, lanciarono un ultimo attacco per sfondare la testa di ponte sovietica che si era venuta a creare sulla sponda ovest del fiume e distrussero con gli esplosivi gli ultimi ponti, rallentando l'avanzata nemica[113].

La divisione tedesca e i Camionettisti sopravvissuti si concentrarono quindi a Galati, in Romania e vennero spediti a Vahn, nei pressi di Colonia dove poterono riorganizzarsi e riposarsi dopo quattro mesi di scontri con i sovietici[114].

Nonostante la perdita di tutte le *Camionette SPA-Viberti AS42 'Metropolitane'*, i veicoli, sviluppati per la ricognizione a lungo raggio nei terreni desertici, riuscirono a farsi valere anche nelle inospitali steppe ucraine dove le temperature raggiungevano temperature di poco superiori ai -40° in inverno. Anche se inadeguate alle necessità del Fronte Orientale, dove camionette non corazzate ed equipaggiate di armamento leggero erano molto vulnerabili ai veicoli corazzati sovietici, le camionette si rivelarono molto utili, soprattutto nella difesa delle retrovie, pattugliando le strade per il fronte. Purtroppo, le già limitate forze italiane a supporto della *2. Fallschirmjäger-Division* non avevano sufficienti parti di ricambio

---

108 P. Crippa, A. Tallillo, *Corazzati Italiani in Russia 1941-1944*, Milano, Witness to War, Dicembre 2022, op. cit. in bibliografia.
109 Paolo Paris, nato a Roma il 7 Luglio 1915, verrà proposto dal Ministro della Difesa RSI Maresciallo Rodolfo Graziani, per la Medaglia d'Oro al Valor Militare, massima decorazione della RSI che però non gli fu assegnata per il sopraggiungere del termine della guerra.
110 Ольшанка, anche traslitterata in Olscanka o Olshanka.
111 Località non chiare, riportiamo che vengono anche definite Jusefpol e Tchaussowo.
112 C. Murray, F. Ciavattone, *Unknown Conflicts of the Second World War, Forgotten Fronts*, Abingdon sul Tamigi, *Routledge, 1ª Edizione*, Settembre 2020, pag. 200, op. cit. in bibliografia.
113 C. Murray, F. Ciavattone, *Unknown Conflicts of the Second World War, Forgotten Fronts*, Abingdon sul Tamigi, *Routledge, 1ª Edizione*, Settembre 2020, pag. 201, op. cit. in bibliografia.
114 Gli italiani che vivevano in territori non ancora liberati dalle truppe alleate in avanzata ricevettero una licenza premio di 40 giorni per le azioni svolte durante gli scontri. P. Crippa, A. Tallillo, *Corazzati Italiani in Russia 1941-1944*, Milano, Witness to War, Dicembre 2022, op. cit. in bibliografia.

e gli ultimi veicoli furono probabilmente abbandonati per guasti impossibili da riparare.

A giugno, dopo lo sbarco alleato nell'Operazione Overlord, la *2. Fallschirmjäger-Division* venne inviata in Francia a supportare le truppe tedesche in Normandia che cercavano di arginare le forze alleate sbarcate il 6 giugno 1944.

Rimasta nella Bretagna, la *2. Fallschirmjäger-Division* rallentò le truppe alleate che dovevano liberare i porti delle città francesi per ricevere l'adeguato flusso di rifornimenti dall'Inghilterra.

Gli scontri più cruenti in cui parteciparono gli Arditi si ebbero a Carhaix (tra Brest e Saint-Lò) e Landerneau (20 km a est di Brest), prima di asserragliarsi nei pressi di Brest.

Gli Arditi e i giovani fascisti del *Gruppo Arditi Camionettisti Italiani* combatterono valorosamente al fianco dei tedeschi dal 7 Agosto, giorno in cui iniziò la battaglia per la città-roccaforte, partecipando a scontri nelle località vicine: Gouesnou, Guipavas e Plouzané-Bohars[115] arrendendosi solamente il 20 Settembre 1944. I superstiti del *Gruppo Arditi Camionettisti Italiani* finirono in un campo di prigionia britannico tornando in patria solamente due anni dopo[116].

La travagliata storia degli arditi Camionettisti non termina però a Brest. Infatti, esistono tre diverse fonti riguardo il destino finale dell'unità italiana:

una prima è quella già descritta, ossia che gli Arditi furono catturati e tradotti in un campo di prigionia britannico presso Londra, da cui tornarono solamente nel Luglio 1946. La seconda ipotesi[117] e che i Camionettisti sopravvissuti fecero ritorno in patria venendo infine aggregati alla *Scuola Paracadutisti* della *Repubblica Sociale Italiana* a Tradate[118] in Lombardia.

Un'altra teoria riporta che parte dell'unità scampò alla Sacca di Brest e che continuò il servizio nelle fila della ricostruita *2. Fallschirmjäger-Division*[119].

Il 24 Ottobre 1944 la divisione tedesca venne ricreata ad Amersfoort in Olanda ed i combattimenti ripresero contro le truppe alleate, ma soltanto nel Gennaio 1945. La *2. Fallschirmjäger-Division* si arrese definitivamente nella Sacca della Ruhr nell'Aprile 1945 e non sembra che ci fossero italiani tra i soldati fatti prigionieri.

E quindi possibile, che un ipotetico manipolo di soldati scampati a Brest sia effettivamente tornato in Italia nel tardo 1944.

Durante il periodo bellico i soldati italiani del *Gruppo Arditi Camionettisti Italiani* ebbero un totale di 18 caduti e 26 feriti dei quali 5 rimpatriati per via delle ferite riportate negli scontri[120].

---

115 C. Murray, F. Ciavattone, *Unknown Conflicts of the Second World War, Forgotten Fronts*, Abingdon sul Tamigi, *Routledge, 1ª Edizione*, Settembre 2020, pag. 201, op. cit. in bibliografia.

116 P. Crippa, A. Tallillo, *Corazzati Italiani in Russia 1941-1944*, Milano, Witness to War, Dicembre 2022, op. cit. in bibliografia.

117 Riportata dal libro *Le forze armate della RSI (1943-1945), …Come il Diamante, Le Camionette del Regio Esercito e Gli Autoveicoli da Combattimento*.

118 La scuola, istituita il 1 Dicembre 1943 al Castello Stroppa ed al comando Tenente Colonnello Edvino Dalmas.

119 Il *Fallschirm-Jäger-Regiment 6.* quasi al completo ed il *I. Bataillon* del *Fallschirm-Jäger-Regiment 2.* riuscirono a scampare all'accerchiamento, è possibile che tra gli uomini che non vennero catturati ci fossero degli italiani. Nel libro E. Finazzer e L. Carretta, *Le Camionette del Regio Esercito*, Trento, GMT, 2014, viene sottolineato come, alcuni degli italiani potrebbero non aver preso parte alle azioni a Brest perché feriti o malati e quindi aggregati alla *2. Fallschirmjäger-Division*, ricostruita nell'Ottobre 1944.

120 P. Crippa, *Storia dei Reparti Corazzati della Repubblica Sociale Italiana*, Milano, Marcia Edizioni, Ottobre 2022, pag. 130, op. cit. in bibliografia.

▲ Una *Camionetta SPA-Viberti AS42 'Metropolitana'* del X° *Reggimento Arditi* circondata da paracadutisti tedeschi della 2. *Fallschirmjäger-Division "Ramcke"* a Roma il 18 Settembre 1943. Si tratta probabilmente di una camionetta comando, perché armata solamente con una *Mitragliatrice Media Breda Modello 1937*. Dall'immagine si possono apprezzare la targa *'Regio Esercito 1192B'*, una parziale mimetizzazione sopra la ruota di scorta, la bandiera del Regno d'Italia incastrata nel battistrada ed il ritratto di Benito Mussolini. (B.A.)

▲ Primo piano del pilota della *Camionetta SPA-Viberti AS42 'Metropolitana'* dell'immagine precedente: le mostrine ed il fregio sul basco lo fanno identificare come un ufficiale dell'ADRA. In primo piano, due paracadutisti tedeschi. Sulla destra del soldato italiano si trova la *Mitragliatrice Media Breda Modello 1937* ed il suo supporto con manovella per elevare l'arma durante il tiro contraerei. (B.A.)

▲ Sottotenente dell'ADRA armato di MAB38 discute con soldati della *2. Fallschirmjäger-Division "Ramcke"*. L'ufficiale indossa il basco grigio-verde con il fregio della *Regia Aeronautica* e l'uniforme da paracadutisti modello 1941, con le fiamme da Arditi al bavero, su cui porta il corsetto 'samurai' per trasportare i caricatori del MAB38 e le bombe a mano. I soldati ritratti nell'immagine e in quelle successive facevano parte del nucleo di volontari che si unì alla *"Ramcke"* il 18 Settembre 1943. (B.A.)

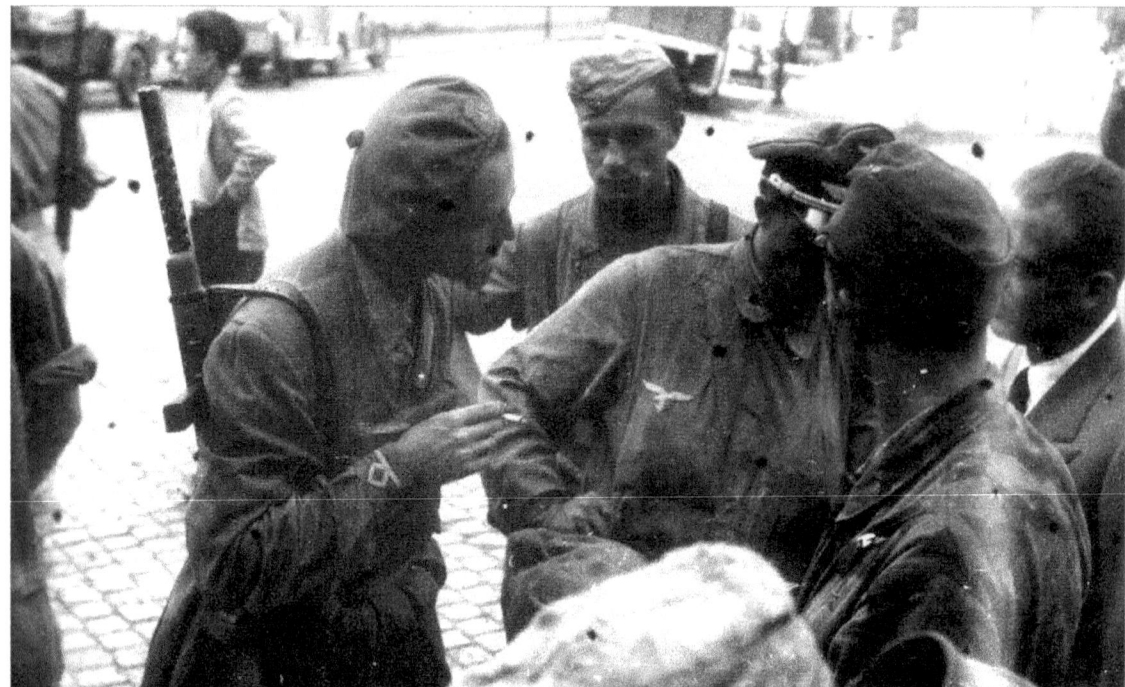

▲ Il medesimo Sottotenente dell'ADRA impegnato a discutere con alcuni paracadutisti tedeschi per le vie di Roma. Nelle vicinanze si possono notare vari veicoli con cui probabilmente i volontari italiani raggiunsero la capitale ed un civile, sulla destra, che fungeva da interprete. (B.A.)

▼ Dalla fine di Settembre fino ad inizio Ottobre 1943 i volontari del *Gruppo Arditi Camionettisti Italiani* del Capitano Paris, dopo essersi aggregati alla *2. Fallschirmjäger-Division "Ramcke"*, parteciparono ad un'esercitazione sui colli Albani con la divisione tedesca ed il *242. Sturmgeschütz-Abteilung*. In quest'immagine, scattata durante l'addestramento, si può scorgere una delle *Camionette SPA-Viberti AS42 'Metropolitane'* sotto una spessa mimetizzazione con teli e frasche. (Fallaok F1675 L37 - Werner Röpke- ECPAD – Défense).

▲ La *Camionetta SPA-Viberti AS42 'Metropolitana'* targata *'Regio Esercito 1197B'* nel corso della medesima esercitazione, parzialmente mimetizzata con frasche. A bordo Arditi con l'uniforme grigio verde mentre a terra si possono vedere un altro paio di Arditi e paracadutisti tedeschi. (Fallaok F1675 L37 - Werner Röpke- ECPAD – Défense)

▲▶ Un'altra *Camionetta SPA-Viberti AS42 'Metropolitana'* durante l'addestramento del *Gruppo Arditi Camionettisti Italiani* in concerto con le truppe tedesche. Il veicolo è privo della scatola porta munizioni laterale, probabilmente persa a seguito di un violento impatto che ha lasciato i segni sulle rastrelliere porta taniche e sul parafango posteriore del veicolo. Il veicolo è equipaggiato, come le altre camionette degli *Arditi Camionettisti*, con pneumatici *Pirelli Tipo 'Artiglio'*. L'Ardito a bordo è equipaggiato con un elmetto M33 da paracadutista. (Fallaok F1675 L37 - Werner Röpke- ECPAD – Défense)

▲ La stessa *Camionetta SPA-Viberti AS42 'Metropolitana'* targata *'Regio Esercito 1197B'* (a cui è stato asportato l'acronimo E° E^to) del *Gruppo Arditi Camionettisti Italiani* a Žytomyr in Ucraina nell'inverno 1943. La mimetizzazione originale è ancora visibile sotto il ghiaccio e i soldati. Gli Arditi sono tutti equipaggiati completamente alla germanica con parka reversibile ed alcuni Feldmutze. Nonostante il vestiario tedesco, agli Arditi fu concesso l'uso dei propri distintivi nazionali. (Nino Arena)

▲ Vista frontale della medesima camionetta. Ben visibili i segni dei combattimenti: un faro manca, l'altro è rotto (visibile nell'immagine precedente), anche la rastrelliera per le taniche sul parafango destro è assente, come il treppiede per la mitragliatrice. La camionetta manteneva il *Cannone-Mitragliera Breda da 20/65 Modello 1935* originale visto negli addestramenti del Settembre-Ottobre 1943. (Nino Arena)

▲ Un'altra *Camionetta SPA-Viberti AS42 'Metropolitana'* in servizio con il *Gruppo Arditi Camionettisti Italiani* assegnati alla *2. Fallschirmjäger-Division "Ramcke"*. Questo veicolo, anch'esso armato di cannone da 20 mm, è targato *'Regio Esercito 1204B'* e sembra essere stato più fortunato dell'altro in quanto i segni della battaglia non hanno lasciato segni sui fanali e le rastrelliere. La camionetta è equipaggiata con pneumatici *Pirelli Tipo 'Artiglio'* e gli Arditi, anche in questo caso indossano vestiario di tipo tedesco. (Nino Arena)

▼ Il *General der Fallschirmtruppe* Hermann-Bernhard Ramcke si intrattiene con alcuni soldati del Gruppo Arditi Camionettisti Italiani, durante la campagna in terra Ucraina. Il comando tedesco ebbe parole di grande rispetto per il valore dimostrato da questo pugno di volontari italiani. (Nino Arena)

▲ Soldati del *Gruppo Arditi Camionettisti Italiani* in Ucraina nel 1944 a bordo di una *Camionetta SPA-Viberti AS42 'Metropolitana'* sopravvissuta agli scontri dell'inverno 1943. Tutti indossano il parka tedesco reversibile (grigio e bianco). (Nino Arena)

Le Camionette della Polizia dell'Africa Italiana

La *Polizia dell'Africa Italiana* o PAI era un corpo di polizia coloniale dipendente dal *Ministero delle Colonie* formato nel 1936[121]. Il quartier generale era a Roma mentre la *Scuola d'Addestramento* era nella *Caserma 'Pantanella'* di via Degli Orti a Tivoli.
Esistevano poi due Ispettorati, rispettivamente a Tripoli ed Addis Abeba e 6 sedi africane[122]. Dopo la perdita delle colonie dell'Africa Orientale e Settentrionale, prima dell'armistizio dell'8 Settembre 1943 i reparti della *Polizia dell'Africa Italiana* ancora in patria furono assegnati con compiti di ordine pubblico nella Capitale. L'unità preposta fu la *Colonna 'Cheren'* forte di circa 1'300 agenti[123] ed equipaggiata con 14 *Autoblinde AB41*, 12 *Carri Armati L6/40*, 2 *Camionette Desertiche SPA-Viberti AS42 'Sahariane'* ed un piccolo numero di cannoni e mitragliatrici.
La *Colonna 'Cheren'* prese parte alla Difesa di Roma iniziando scontri a fuoco con i tedeschi già la sera dell'8 Settembre 1943 nei pressi del deposito militare di Mezzocammino sulla Via Ostiense e continuando quasi ininterrottamente fino al 10 Settembre, giorno della resa delle

---

121 All'inizio chiamato Corpo di Polizia Coloniale, aveva un organico di 2'250 agenti italiani e 6'300 agenti libici, etiopi o eritrei seguendo le direttive del Regio Decreto 10 Giugno 1937-XV, n.1211. *'Regolamento organico del Corpo della polizia coloniale'*, Gazzetta Ufficiale del Regno d'Italia. 29 Luglio 1937.
122 Tripoli, Bengasi, Asmara, Addis Abeba, Gondar e Mogadiscio a cui facevano capo 62 battaglioni di polizia e 51 reparti speciali.
123 Su un totale di 1'581 agenti della PAI in Italia.

forze italiane all'interno della Capitale. Alle 17:00, ora della resa delle truppe Italiane, la PAI aveva sofferto 56 morti.

Essendo un reparto di polizia, la *Polizia dell'Africa Italiana* non venne disarmata dai tedeschi e continuò il suo operato di ordine pubblico anche sotto l'occupazione tedesca. Nei convulsi giorni dopo gli scontri con i tedeschi una decina di camionette di vario tipo del *Battaglione d'Assalto Motorizzato* vennero prese in carico, insieme agli equipaggi, dalla PAI per non farle cadere in mano tedesca[124] e per non far internare i soldati italiani in campi di prigionia. Le forze fagocitate dalla *Polizia dell'Africa Italiana* andarono a formare la *13ª Compagnia* della PAI al comando del Capitano Roberto Curcio.

I veicoli della *Polizia dell'Africa Italiana* vennero impiegati per ordine pubblico per tutto il periodo dell'occupazione tedesca del Lazio. Vennero ritratte il 23 Marzo 1944 all'incrocio tra Via del Tritone e Via dei Maroniti, in occasione dell'Attentato di Via Rasella mentre trasportavano marò del *Battaglione 'Barbarigo'* della *Xª Divisione MAS* sul luogo della strage. Un altro episodio che interessò le camionette della *Polizia dell'Africa Italiana* fu uno scontro avvenuto il 4 Giugno 1944 durante le ultime ore di occupazione della città.

Per evitare la cattura o il sabotaggio delle camionette per mano delle forze dell'Asse in ritirata dalla città, la *13ª Compagnia* della *Colonna 'Cheren'* ebbe l'ordine di raggiungere il Ministero della Guerra in Via XX Settembre, per attendere l'arrivo delle truppe alleate.

Durante il trasferimento però le camionette, a tutta velocità per le vie della Capitale, si scontrarono a più riprese con le forze tedesche. Nell'ultimo tratto di strada, tre camionette furono costrette a cambiare strada, entrando in Via Nazionale ed aprendo il fuoco con le armi di bordo contro le truppe tedesche. La camionetta di testa, comandata dal Tenente Carlo Pettini della *Polizia dell'Africa Italiana* con altri 5 membri dell'equipaggio si trovò però davanti alle avanguardie statunitensi provenienti da Via Casilina[125].

Gli statunitensi supportati da un carro armato leggero M3 Stuart, non essendo a conoscenza della situazione ed essendo stati allarmati dagli spari, aprirono immediatamente il fuoco. Un proiettile da 37 mm perforante del carro armato statunitense colpì la *Camionetta SPA-Viberti AS42 'Metropolitana'* del Tenente Pettini frontalmente distruggendo la porzione frontale destra del veicolo ed uccidendo sul colpo tutti e sei i membri dell'equipaggio[126].

Dopo questo malaugurato incidente, la *Polizia dell'Africa Italiana* consegnò agli alleati tutti i veicoli in suo possesso che, al termine della guerra vennero consegnati dagli alleati al *Corpo delle Guardie di Pubblica Sicurezza* (che diventerà poi la *Polizia di Stato*). Una camionetta SPA-Viberti AS42 'Metropolitana' disarmata venne prelevata nei giorni successivi da alcuni civili e portata festosamente in trionfo per le vie di Roma con una gigantesca bandiera Tricolore, per evitare altri incidenti. Le camionette della PAI sopravvissute insieme ad un numero di altre camionette e veicoli recuperati dopo la Liberazione di Roma vennero riutilizzati dal *Battaglione Mobile di Pubblica Sicurezza* ed in seguito dal *I° Reparto Celere 'Lazio'* di Roma per diversi anni nel dopoguerra.

---

124 P. Crippa, *I Reparti Corazzati del Regio Esercito e l'Armistizio, 2° Volume*, Milano, Witness to War, op. cit. in bibliografia.

125 P. Crippa, *I Reparti Corazzati del Regio Esercito e l'Armistizio, 2° Volume*, Milano, Witness to War, op. cit. in bibliografia.

126 P. Crippa, *I Reparti Corazzati del Regio Esercito e l'Armistizio, 2° Volume*, Milano, Witness to War, op. cit. in bibliografia.

▲ Due *Camionette SPA-Viberti AS42 'Metropolitane'* della *Polizia dell'Africa Italiana* il 23 Marzo 1944 all'incrocio tra Via del Tritone e Via dei Maroniti a Roma. I mezzi sono carichi di marò del *Battaglione 'Barbarigo'* della X^a *Divisione MAS* intenti a scrutare le finestre degli edifici circostanti dopo l'Attentato di Via Rasella. I veicoli hanno le targhe originali del *Regio Esercito* coperte da nuovi strati di vernice e sostituite da delle targhe della PAI fissate sulla rastrelliera per taniche di benzina sul lato sinistro. La camionetta in secondo piano è una camionetta comando, priva di armamento principale ed equipaggiata con tre *Mitragliatrici Medie Breda Modello 1937*. entrambi i veicoli montano pneumatici *Pirelli Tipo 'Artiglio'*. (Nino Arena)

▼ La *Camionetta SPA-Viberti AS42 'Metropolitana'* del Tenente Carlo Pettini della *Colonna 'Cheren'* colpita dal proiettile da 37 mm dell'M3 Stuart Statunitense in Via Nazionale il 4 Giugno 1944. Il proiettile colpì la camionetta sul lato destro come ben si può notare nell'immagine. Nessuno dei sei agenti della PAI a bordo sopravvisse. La camionetta era armata con un *Cannone-Mitragliera Breda da 20/65 Modello 1935* e una *Mitragliatrice Media Breda Modello 1937* ed equipaggiata con pneumatici *Pirelli Tipo 'Artiglio'*.

▲ La medesima camionetta del Tenente Carlo Pettini in Via Nazionale angolo Via Mazzarino nei giorni dopo la liberazione della Capitale. Una folla di curiosi civili circonda l'automezzo ai quali mancano la ruota di scorta e il coperchio della scatola portamunizioni laterale presenti però nella prima immagine.

▼ Una *Camionetta SPA-Viberti AS42 'Metropolitana'* della *Polizia dell'Africa Italiana* per le vie di Roma. L'immagine fu scattata probabilmente nelle ore successive alla liberazione della città o nei giorni seguenti. Un tricolore è posto, ben visibile, anteriormente per evitare incidenti di fuoco amico. Interessante lo schema mimetico "a strisce" sulla scatola porta munizioni.

▲ Una *Camionetta SPA-Viberti AS42 'Metropolitana'* e due *Carri Armati L3* del *Battaglione Mobile di Pubblica Sicurezza* parcheggiati nelle vicinanze del carcere romano di Regina Coeli nel Maggio 1945 durante una rivolta carceraria. La camionetta, ceduta dalla *Polizia dell'Africa Italiana* nel Giugno 1944 al *Corpo delle Guardie di Pubblica Sicurezza* è armata di *Cannone-Mitragliera Breda da 20/65 Modello 1935* e di tre *Mitragliatrici Medie Breda Modello 1937*. (Rivista "Crimen")

▼ Agenti del *Battaglione Mobile di Pubblica Sicurezza* si preparano ad entrare in azione per sedare la rivolta carceraria di Roma nel Maggio 1944. (Rivista "Crimen")

▲ Una *Camionetta SPA-Viberti AS42 'Metropolitana'* comando armata di una *Mitragliatrice Media Breda Modello 1937* targata *'Polizia 255'* fotografata durante la stessa rivolta carceraria. Questo veicolo ed i due nelle immagini precedenti hanno la classica mimetica a tre toni 'Continentale' che verrà sostituita nei mesi successivi dalla mimetica monocromatica rosso amaranto che rimarrà in servizio con la *Polizia di Stato* fino agli anni '60. (Rivista "Crimen")

▲ Il Tenente Carlo Pettini assegnato alla Polizia dell'Africa Italiana nella 13ª Compagnia della Colonna 'Cheren' di stanza a Roma. Pettini morì il 4 Giugno 1944 a bordo della Camionetta SPA-Viberti AS42 'Metropolitana' da lui comandata insieme al suo equipaggio. (Per gentile concessione di Paolo Crippa)

▲ Un Autoblinda AB41 del *Battaglione Mobile di Pubblica Sicurezza* parcheggiata nelle vicinanze del carcere romano di Regina Coeli nel Maggio 1945. L'autoblinda, in un particolare schema mimetico e con un inusuale simbolo dipinto in torretta, venne molto probabilmente ceduta dalla *Polizia dell'Africa Italiana* nel Giugno 1944 al *Corpo delle Guardie di Pubblica Sicurezza* insieme alle camionette. Il veicolo è dotato di pneumatici Pirelli Tipo 'Artiglio' ed è privo di ruota di scorta. (Rivista "Crimen" per gentile concessione di Paolo Crippa)

▼ Un Cannone-Mitragliera Scotti-Isotta Fraschini da 20/70 Modello 1941 ed il suo equipaggio in posa per la troupe dell'Istituto Luce sul fronte Greco. (Archivio Centrale dello Stato)

Transportkorps Speer e Luftwaffe

Dopo l'8 Settembre 1943 il numero totale delle camionette utilizzate dai tedeschi è impossibile da identificare con precisione.

Un numero molto limitato di *Camionette SPA-Viberti AS42* venne rimpiegato dalle truppe della *Wehrmacht* sul fronte italiano ma ne esistono pochissime immagini[127] e la loro storia non è tracciabile per mancanza di dati. Basti pensare che non se ne conosce nemmeno la denominazione tedesca[128].

Dopo l'Ottobre 1943 furono prodotte dalle Officine Viberti un totale di 13 *Camionette SPA-Viberti AS43* con particolari specifiche ordinate dal *Generalinspektorat der Panzertruppen* (Ispettorato Generale delle Forze Corazzate) tedesco. Una delegazione di ufficiali tedeschi visitò vari impianti produttivi italiani, valutando i veicoli e gli armamenti prodotti, decidendo se continuare a produrli per le truppe tedesche.

Le *Camionette SPA-Viberti AS43* furono giudicate positivamente e la produzione fu confermata dalle autorità tedesche che ne ordinarono anche una versione modificata.

I veicoli differivano da quelli originali per l'aggiunta di sponde in ferro pieghevoli sui lati del vano posteriore in legno.

Le sponde fungevano da schienali per l'equipaggio durante la marcia e venivano abbassati per aumentare la superficie calpestabile dai serventi durante le operazioni di fuoco.

Per montare le nuove sponde, venivano rimossi i supporti per le taniche sul lato posteriore dei parafanghi della camionetta[129] e il supporto della ruota di scorta veniva spostato sulla nuova sponda posteriore ed era inclinabile fino a 0°.

Le uniche immagini esistenti di queste *Camionette SPA-Viberti AS43* tedesche le mostrano equipaggiate con un *Cannone-Mitragliera Scotti-Isotta Fraschini 20/70 Modello 1939*, ma sembra che fossero destinati ad essere equipaggiati con cannoni automatici 2 cm FlaK 38 di produzione tedesca. Infatti, dal disegno originale[130], sui lati esterni delle sponde sono visibili supporti per un totale di 10 caricatori da 230 colpi trasportati, 4 per lato e 2 posteriori. Queste rastrelliere non erano presenti sulle *Camionette SPA-Viberti AS43* tedesche equipaggiate con cannone automatico della Scotti-Isotta Fraschini. L'arma della Isotta Fraschini, sviluppata da Alfredo Scotti, era paragonabile al cannone-mitragliera della Breda per gittata, cadenza di fuoco e alimentazione. Le due armi differivano però per la meccanica interna.

Sembra che tutte e 13 le *Camionette SPA-Viberti AS43* modificate dalle Officine Viberti con le specifiche tedesche furono consegnate ai *Sicherungs-Abteilungen (Motorisierte)*[131] (Unità di Protezione Motorizzate) del *Transportkorps Speer*[132] (Corpo di Trasporto Speer).

---

127 L'autore è riuscito a trovare 3 diverse immagini di *Camionette AS42 'Metropolitane'* in servizio con le truppe tedesche, una è stata pubblicata nel libro R. A. Riccio, N. Pignato, *Italian Truck-Mounted Artillery in Action*, Carrollton, Squadron Signal Publication, 1971, pag. 27, le altre due provengono da siti di aste online.
128 Dopo l'8 Settembre tutti i veicoli italiani ricevettero una nomenclatura tedesca: l'*Autoblinda AB41* era la *Beute Panzerspähwagen AB41 201(i)* mentre, per fare un altro esempio, il Carro Armato M14/41 divenne il *Beute Panzerkampfwagen M14/41 736(i)*.
129 In territorio metropolitano le taniche di benzina da 20 litri venivano raramente trasportate dagli equipaggi dal momento che l'autonomia del veicolo era più che sufficiente.
130 Visibile a pag. 467 del libro *Gli Autoveicoli da Combattimento dell'Esercito Italiano (1940-1945), Tomo I, Volume Secondo*, op. cit. in bibliografia.
131 Singolare *Sicherungs-Abteilung(Mot.)*.
132 Soprannominato "Speer" in onore dell'architetto tedesco Albert Speer, Ministro del Reich per l'Arma-

Il *Transportkorps Speer* era un'organizzazione paramilitare di trasporto subordinata alla *Luftwaffe*, alla *Kriegsmarine*[133], alla *Wehrmacht* ed all'*Organizzazione Todt*. Quest'ultima era responsabile di una vasta gamma di progetti di ingegneria, sia in Germania che nei territori occupati. Il *Transportkorps Speer* aveva il compito di scortare convogli militari o convogli carichi di operai, rifornimenti e materiali edili dell'*Organizzazione Todt*[134], fornendo anche protezione ai siti di lavoro ed in rari casi partecipando anche ad azioni contro le truppe partigiane in Italia e Jugoslavia.

Il *Transportkorps Speer* era organizzato in *Transport-Regiment* (Reggimenti Trasporti) suddivisi in *Kraftwagen-Transport-Abteilungen* (Battaglioni di Trasporto con Veicoli a Motore). Il *Transport-Regiment 2.* e *3.* erano assegnati alla *Luftwaffe* mentre i *Transport-Regiment* da *5.* a *10.* servivano la *Wehrmacht*[135].

Inoltre, c'erano *Ersatz-Abteilungen* (Battaglioni Deposito), *Kraftfahr-Instandsetzungs-Regimenter* (Reggimenti di Riparazione Veicoli), *Pioneer-Abteilungen* (Battaglioni di Genieri), Nachrichten-Staffel (Unità di Segnalazione), *Sanitäts-Kraftfahr-Staffel* (Unità Mediche) e gli *Sicherungs-Abteilungen*[136].

I *Sicherungs-Abteilungen(Motorisierte)* furono utilizzati per la maggior parte del loro servizio come scorta alle colonne tedesche ma, negli ultimi mesi di guerra, i veicoli corazzati[137] e armati furono impiegati anche in operazioni anti partigiane nell'Italia settentrionale e nei Balcani, dove il *Transportkorps Speer* operava in concerto con altre unità tedesche.

Anche la *Fliegerabwehrkanonen Erdkampfschule Süd* (Scuola di Combattimento Terrestre ed Antiaereo Meridionale) di Spilimbergo, vicino a Udine[138] impiegò alcune camionette. La scuola addestrava gli equipaggi delle artiglierie antiaeree, perfezionando l'addestramento anticarro con i cannoni antiaerei. Il suo primo comandante fu infatti il Maggiore Joseph 'Sepp' Prentl[139], che utilizzò più volte *FlaK-Kampfgruppe* con cannoni antiaerei da 8,8 cm contro i carri armati nemici durante la sua carriera, operando egli stesso in almeno un'occasione come artigliere[140].

---

mento e Produzione Bellica dal Febbraio 1942 all'Aprile 1945 ed infine Ministro del Reich per l'Industria e la Produzione a Maggio 1945.

133 La *Kriegsmarine* era rifornita dalla *Transportflotte Speer*.

134 L'*Organizzazione Todt* fu il principale cliente del *Transportkorps Speer* con un totale di 40'000 veicoli assegnati alle esigenze della *Todt* su 50'000, dato tratto da F. W. Seidler, *Das Nationalsozialistische Kraftfahrkorps und die Organisation Todt im Zweiten Weltkrieg*, München, Vierteljahrshefte für Zeitgeschichte, Anno Numero 32, 4° Numero, Dicembre 1984, pag. 635, op. cit. in bibliografia.

135 Successivamente si unirono anche il *Transport-Regiment 11.* ed il *Transport-Regiment 11.*.

136 N. Thomas, S. McCouaig, Wehrmacht Auxiliary Forces, London, Osprey Publishing, 2012, pag. 8-9, op. cit. in bibliografia.

137 Sembra che il *Transportkorps Speer* non possedesse carri armati ma era comunque ben equipaggiato con veicoli corazzati ruotati italiani, oltre alle camionette.

138 E. Finazzer e L. Carretta, *Le Camionette del Regio Esercito*, Trento, Gruppo Modellistico Trentino, 2014, pag. 47, op. cit. in bibliografia.

139 Il Maggiore Prentl operò durante la Campagna di Francia, sul Fronte Orientale e sul Fronte Italiano guadagnando 5 decorazioni militari per il suo coraggio e la sua fermezza. Per l'ultima medaglia ricevuta, la Croce di Cavaliere con Foglie di Quercia, la raccomandazione riportava che, durante l'Operazione Achse (disarmo delle truppe italiane) nel Settembre 1943 riuscì a distruggere o catturare: 5 carri armati, 6 cannoni anticarro, 9 pezzi d'artiglieria e a imprigionare 1 generale e 4'000 soldati italiani.

140 Durante gli scontri sul Fronte Orientale, nell'area di Voronezh tra il 24 ed il 25 Luglio 1942 distrusse un totale di 18 carri armati sovietici operando come artigliere dell'ultimo cannone rimasto al suo FlaK-Kampfgruppe.

La scuola di addestramento tedesca era dotata anche di diversi altri tipi di mezzi italiani catturati, tra cui alcuni carri armati e semoventi che furono schierati, insieme ai suoi allievi, contro i partigiani in Friuli Venezia Giulia negli ultimi mesi di guerra[141].

Alcune *Camionette SPA-Viberti AS43* catturate agli italiani o prodotte dopo l'armistizio, ma senza modifiche, furono invece riarmate da unità tedesche della *Luftwaffe* con cannoni automatici 2 cm FlaK 38 e mitragliatrici medie Mauser MG15 da 7,92 mm di provenienza aeronautica al posto delle *Mitragliatrici Medie Breda Modello 1937*.

Le camionette armate con 2 cm FlaK 38[142] della *Luftwaffe* vennero impiegate, allo stesso modo delle camionette del *Transportkorps Speer*. Principalmente per scorta ai convogli, anche se non mancarono azioni offensive contro le truppe partigiane italiane.

Un altro importante compito per i veicoli armati della *Luftwaffe* era quello di pattugliare le aree limitrofe agli aeroporti militari per evitare colpi di mano da parte di unità partigiane che con l'avvicinarsi del termine delle ostilità, tentavano azioni sempre più audaci ai danni degli occupanti teutonici.

Le Camionette Partigiane

Fino al giorno della Grande Insurrezione Partigiana del 25 Aprile 1945 sembra che i partigiani italiani non avessero catturato nessuna camionetta alle truppe nazifasciste.

Una *Camionetta SPA-Viberti AS42 'Metropolitana'* venne però impiegata a Torino durante l'insurrezione iniziata il 26 Aprile 1945.

La camionetta è ritratta in varie fotografie, una delle quali la mostra all'interno dell'impianto della *Società Piemontese Automobili* di Corso Ferrucci[143] sormontata da un gruppo di operai insorti disarmati dello stabilimento.

Lo stabilimento della SPA di Torino fu una delle fabbriche in cui agli inizi del 1945 venne riallocata parte della produzione della Ansaldo-Fossati, ormai in ginocchio dopo i bombardamenti alleati[144].

Il 18 Aprile 1945 iniziò uno sciopero generale organizzato dal *Comitato di Liberazione Nazionale* durante la quale gli operai e le *Squadre di Azione Patriottica*[145] dello stabilimento si barricarono dentro, bloccando gli ingressi secondari alla fabbrica ed ergendo barricate per difendersi dagli attacchi nazifascisti[146].

---

141 E. Finazzer e L. Carretta, *Le Camionette del Regio Esercito*, Trento, Gruppo Modellistico Trentino, 2014, pag. 48, op. cit. in bibliografia.

142 I FlaK 38 avevano il vantaggio di sparare le stesse munizioni dei cannoni-mitragliere Scotti-Isotta-Fraschini e Breda italiani (20 x 138 mm B) ma con caricatori standard da 30 colpi anziché lastrine da 12 colpi come le armi italiane. Le stesse munizioni potevano essere camerate nelle armi di produzione svizzera (Solothurn S-18/100, S-18/1000 e S-18/1100) e finlandesi (20 ITK 40 VKT e Lahti L-39).

143 La Società Piemontese Automobili, sussidiaria della FIAT, occupa uno stabilimento di 115'000 m^2 tra Corso Ferrucci, Corso Peschiera, Via Osasco e Via Montenegro (oggi Via Paolo Braccini) ed impiega nel periodo bellico un totale di circa 5'000 operai dei quali, il 90% partecipò all'insurrezione, ma in massima parte erano disarmati.

144 Non si hanno purtroppo date precise o i luoghi in cui la produzione e l'assemblaggio dei veicoli corazzati vennero delocalizzati. Possiamo dire con certezza che la Manifattura Rotondi di Novara si occupava dell'assemblaggio finale delle autoblinde della serie AB, la Fonderia Milanese di Acciaio Vanzetti S.A. partecipava all'assemblaggio finale di alcuni semoventi in concorso con la SPA di Torino.

145 Le squadre della SPA appartenevano alla IV° Brigata Partigiana Garibaldi 'Leo Lanfranco'.

146 R. Luraghi, *Il movimento operaio torinese durante la Resistenza*, Torino, Einaudi, 1958, p.285, op. cit. in bibliografia.

▲ *Camionetta SPA-Viberti AS43* della *Transportkorps Speer*. Non è chiara la provenienza né la datazione delle immagini, ma la presenza del timbro di uno studio fotografico dell'lato milanese sul retro delle foto fa presumere che siano stata scattata in provincia di Milano. Il veicolo oltre ad essere armato con un *Cannone-Mitragliera Scotti-Isotta Fraschini 20/70 Modello 1939* è equipaggiato con una protezione anteriore per proteggere l'equipaggio sull'arco anteriore. Anche la mimetica è inusuale. (Ghidoni)

▼ Una *Camionetta SPA-Viberti AS43* dell'*Organizzazione Todt* targata 'OT 88751' avanza su una polverosa strada da qualche parte in Nord Italia. La camionetta è armata con un *Cannone-Mitragliera Scotti-Isotta Fraschini 20/70 Modello 1939* ma è priva di armamento secondario. Sui lati sono presenti le sponde in ferro pieghevoli usate dall'equipaggio come schienale. (Ghidoni)

▲ Probabilmente la medesima camionetta dell'immagine precedente, equipaggiata con la piastra di corazza anteriore a cui furono tagliate in maniera approssimativa ed una staffa d'acciaio saldata per sostenerne il peso. Davanti alla camionetta un veicolo irriconoscibile ed infine una *Lancia Lince*, entrambi del *Transportkorps Speer*. (Ghidoni)

▲ Un'immagine sovraesposta di *Camionette SPA-Viberti AS43* equipaggiate con *Cannoni-Mitragliere Scotti-Isotta Fraschini 20/70 Modello 1939* e un altra arma del medesimo modello a terra. Si tratta di veicoli del *Transportkorps Speer* probabilmente utilizzati in una sessione di addestramento. (Ghidoni)

▼ Una bellissima immagine di una *Camionetta SPA-Viberti AS43* con le modifiche volute dagli occupanti tedeschi. Le sponde laterali e posteriori metalliche sono ben visibili come anche il *Cannone-Mitragliera Scotti-Isotta Fraschini 20/70 Modello 1939* ma non v'è traccia dell'armamento secondario. Di fianco alla camionetta un *FIAT-SPA 38R* curiosamente mimetizzato dalle truppe tedesche del *Transportkorps Speer* ed armato con la medesima arma antiaerea. (Per gentile concessione di Paolo Crippa)

▲ Due *Camionette SPA-Viberti AS43* in servizio con la *Luftwaffe* ed equipaggiate con cannoni antiaerei 2 cm FlaK 38 probabilmente durante un addestramento. La camionetta in primo piano è equipaggiata di pneumatici *Pirelli Tipo 'Artiglio'* ed è sprovvista di armamento secondario. (Per gentile concessione di Enrico Finazzer)

▼ Una seconda immagine di *Camionette SPA-Viberti AS43* in servizio con la *Luftwaffe*. In questo caso il veicolo è armato di Mauser MG15 sul supporto a collo d'oca. Sul supporto posteriore per taniche di benzina l'equipaggio ha sistemato una cassetta in legno per munizioni extra. (Per gentile concessione di Enrico Finazzer)

▲ Un'ultima immagine delle camionette della *Luftwaffe* durante l'addestramento. Si notino i fari dotati di coperture. (Per gentile concessione di Enrico Finazzer)

▲ Una colonna di veicoli della *Luftwaffe* avanza probabilmente nei Balcani scortata da due *Camionette SPA-Viberti AS43* e da un *Autocarro FIAT 665NM Protetto*. Entrambe le camionette sono sprovviste di armamento secondario. (Per gentile concessione di Daniele Guglielmi via Enrico Finazzer)

▲ Una delle due camionette della foto precedente in marcia sulla strada di montagna. Gli pneumatici sono *Pirelli Tipo 'Artiglio'* mentre la targa è: '*Wehrmacht-Luftwaffe 386779*', ossia la medesima camionetta della foto numero 66. (Per gentile concessione di Daniele Guglielmi via Enrico Finazzer)

Al contempo, squadre di operai cominciarono ad organizzare le poche risorse che avevano a disposizione nei depositi dello stabilimento per assemblare almeno 3 veicoli corazzati[147], oltre, presumibilmente ad applicare le corazze aggiuntive alla camionetta.

Alle 17:00 del 26 Aprile 1945 un primo attacco dei marò della *X^a Divisione MAS*[148] venne respinto dagli insorti. All'attacco seguì il cannoneggiano dell'impianto[149] da parte di alcuni veicoli corazzati[150] di reparto ignoto.

Intanto gli operai si apprestarono a terminare l'assemblaggio dei veicoli corazzati che furono pronti intorno alle 21:00 dello stesso giorno.

I veicoli però erano inutili perché gli operai non avevano munizioni né per le armi principali né per le mitragliatrici.

Pochi minuti dopo le 21:00 venne sferrato un secondo attacco dai fascisti che avevano accerchiato la fabbrica e, secondo i resoconti partigiani erano equipaggiati con 2 carri armati, un'autoblindo e alcuni camion gremiti di squadristi della *I^a Brigata Nera 'Ather Capelli'*.

Proprio quando sembrava che sappisti e operai dovessero evacuare la fabbrica per evitare di essere catturati, un operaio anonimo si mise alla guida del semovente ed uscì a tutta velocità dall'impianto. I fascisti, colti di sorpresa, abbandonarono il campo di battaglia senza più tentare attacchi[151] alla fabbrica.

La *Camionetta SPA-Viberti AS42 'Metropolitana'*, che probabilmente era alla SPA per riparazioni[152], venne equipaggiata durante l'occupazione della fabbrica con piastre di corazzatura sui lati del vano di combattimento e sulla parte posteriore dello stesso per proteggere gli occupanti dal fuoco delle armi leggere nemiche. Come per i veicoli corazzati, mancava l'armamento ed è quindi probabile che ne fosse previsto un utilizzo come veicolo di supporto, i partigiani a bordo avrebbero utilizzato le armi personali rimanendo però protetti dalle scudature supplementari.

Non si hanno dati sull'utilizzo della camionetta nei giorni successivi alla difesa della SPA. Grazie alla sua velocità e alle capacità di trasporto, venne probabilmente impiegata con compiti di pattuglia o di intervento rapido dei partigiani che arrivavano nel capoluogo piemontese.

L'ultima apparizione conosciuta del veicolo avvenne il 6 Maggio 1945, quando le forze partigiane di Torino sfilarono per la città in parata fermandosi in Piazza Vittorio Veneto dove vennero passate in rassegna dal presidente del *Comitato di Liberazione Nazionale* piemontese, Franco Antonicelli, e del nuovo sindaco di Torino, Giovanni Roveda.

Il veicolo venne probabilmente consegnato agli alleati dopo il termine delle ostilità insieme agli altri veicoli catturati alle forze nazifasciste nella città di Torino.

---

147 I 3 veicoli descritti sembrano essere 2 Carri Armati M15/42 ed 1 Semovente M42M da 75/34, da G. Padovani, *La liberazione di Torino*, Milano, Sperling & Kupfer Editori, 1979, pag. 166-169, op. cit. in bibliografia.
148 Si tratta di un'affermazione partigiana e quindi dubbia. Per certo, alcuni marò della *X^a Divisione MAS* erano ancora presenti a Torino nel *Distaccamento 'Torino'* al comando del Maggiore Antonio Lisi con la forza, probabilmente, di una compagnia, con l'obiettivo di proteggere gli impianti FIAT da attentati e saccheggi.
149 Archivio Istituto Piemontese per la Storia della Resistenza e della Società Contemporanea, Verbali CLN Aziendali E/76/D, Fascicolo 8.
150 Nessuno dei pochi documenti sopravvissuti alla guerra riporta l'impiego di veicoli corazzati contro la SPA, ma è molto probabile che i veicoli corazzati descritti fossero del *Gruppo Corazzato M 'Leonessa'*.
151 G. Padovani, *La liberazione di Torino*, Milano, Sperling & Kupfer Editori, 1979 riporta come le truppe fasciste pensassero che all'interno della fabbrica ci fossero altri veicoli corazzati e preferirono abbandonare il campo invece di essere sopraffatti dai veicoli corazzati partigiani.
152 La SPA assemblava i telai delle camionette che venivano carrozzati alle Officine Viberti a poco più di un chilometro di distanza dall'impianto della SPA, è quindi improbabile che il veicolo fosse stato assemblato alla SPA.

▲ La *Camionetta SPA-Viberti AS42 'Metropolitana'* sfila per le vie di Torino con a bordo dozzine di partigiani piemontesi in occasione della sfilata per la liberazione della città il 6 Maggio 1945. Dalle coperture sui fanali possiamo ipotizzare si trattasse dello stesso veicolo fotografato alla SPA qualche giorno prima. (Istituto Piemontese per la Storia della Resistenza per gentile concessione di Enrico Finazzer)

▲ La medesima *Camionetta SPA-Viberti AS42 'Metropolitana'* alla fine della sfilata il 6 Maggio 1945 in Piazza Vittorio Veneto a Torino dietro ad un *Semovente M42 da 75/18* e ad un *Carro Armato M14/41* dopo aver sfilato davanti al comandante del CLN piemontese, Franco Antonicelli e del sindaco di Torino Giovanni Roveda. In questa immagine si possono apprezzare le scudature posteriori e laterali della camionetta. (Per gentile concessione di Daniele Guglielmi via Enrico Finazzer)

▲ *Camionetta SPA-Viberti AS42 'Metropolitana'* con a bordo alcuni operai disarmati della Società Piemontese Automobili di Corso Ferrucci 122 a Torino. Sul mezzo è stata montata una blindatura di circostanza, che protegge la parte posteriore e parte delle fiancate. La camionetta ha la mimetica 'Continentale' ed è adornato con l'acronimo "SPA" e altre frasi in vari punti del telaio per evitare incidenti di fuoco amico. Manca la porta laterale del vano portaoggetti anteriore e la copertura sopra la ruota di scorta. Sono presenti due curiosi dettagli: delle coperture sui fanali, e degli pneumatici *Pirelli 'Sigillo Verde'* per suoli desertici. (Istituto Piemontese per la Storia della Resistenza)

▲ *Camionetta Sahariana AS42* in Nord Africa, Marzo 1943, equipaggio costituito da elementi della PAI. Essa era parte della "103ª Compagnia Arditi Camionettisti", metà dei quali combatterono sul fronte tunisino, e l'altra metà sul fronte libico.

▼ *Camionetta SPA-Viberti AS42 'Metropolitana'* utilizzata da due ufficiali tedeschi.

RINGRAZIAMENTI

Al termine di questo libro, è d'obbligo ringraziare tutte le persone che ne hanno resa possibile la pubblicazione.

Un vivo ringraziamento a Paolo Crippa che è sempre stato probo di preziosi consigli e che, in primis, si è prodigato nell'aiutare l'autore, proponendo l'idea, leggendo le bozze di quello che è, il mio primo libro, e condividere buona parte delle immagini.

Un altro ringraziamento speciale va ad Enrico Finazzer per la sua disponibilità e al Gruppo Modellistico Trentino che hanno fornito anche loro una notevole quantità d'immagini a titolo gratuito e senza la quale non saremmo riusciti a fornire un'adeguata sezione iconografica.

Non meno importante il lavoro degli amici che hanno avuto l'ingrato compito di correggere le bozze, Daniele Notaro e Mauro Benti che ringrazio per i consigli, gli approfondimenti e le loro critiche costruttive.

Un sentito ringraziamento anche allo staff della casa editrice per il lavoro di pubblicazione.

▲ *Camionette Sahariane AS42* in Nord Africa, Marzo 1943, sempre della PAI. impegnate in perlustrazione in una zona desertica.

BIBLIOGRAFIA

- Arena Nino, *RSI, Forze Armate della Repubblica Sociale Italiana, La Guerra in Italia 1943*, Ermanno Albertelli Editore, 1999.
- Barbano Filippo, *I Fatti Militari di Alba in alcuni Documenti Partigiani e Repubblicani (10 Ottobre 1944-15 Aprile 1945)*, MLI, Numero 4, Gennaio 1950.
- Ceva Lucio e Curami Andrea, *La Meccanizzazione dell'Esercito fino al 1943, Tomo I, Parte Prima*, Roma, Stato Maggiore dell'Esercito, Ufficio Storico, 1994
- Cristini Luca Stefano, *Le forze armate della RSI 1943-1945*, Soldiershop, 2016
- Crippa Paolo, *Storia dei Reparti Corazzati della Repubblica Sociale Italiana 1943-1945*, Milano, Marvia Edizioni, Ottobre 2022
- Crippa Paolo, *I Carristi di Mussolini, Il Gruppo Corazzato "Leonessa" dalla MVSN alla RSI*, Witness to War, Maggio 2019
- Crippa Paolo, *I Reparti Corazzati del Regio Esercito e l'Armistizio, 2° Volume*, Witness to War, Maggio 2021
- Finazzer Enrico, Carretta Luigi, *Le Camionette del Regio Esercito: FIAT-SPA AS37, SPA-Viberti AS42, FIAT-SPA AS43, Desertica 43, i Reparti che le Usarono*, Trento, Gruppo Modellistico Trentino, 2014
- Guglielmi Daniele, Cioci Antonio, *I Volontari Italiani nella 2. Fallschirmjäger Division*, Storia e Battaglie, Numero 9, Settembre 2002.
- Longo Luigi Emilio, *I "Reparti Speciali" Nella Seconda Guerra Mondiale*, Milano, Mursia, 1991
- Luraghi Raimondo, *Il movimento operaio torinese durante la Resistenza*, Torino, Einaudi, 1958
- Marconi William, *L'Aprile 1945 fra Tirano e Grosio*, Tirano, Museo Etnografico Tiranese, 1996
- Murray Chris, Ciavattone Federico, *Unknown Conflicts of the Second World War, Forgotten Fronts*, Abingdon sul Tamigi, *Routledge, 1ª Edizione*, Settembre 2020
- Nava Marco, Corbatti Sergio, *…Come il Diamante, I Carristi Italiani 1943-1945*, Bruxelles, Laran Edition, 2008
- Nava Marco, *La 34^ Infanterie Division sul Fronte Italiano: 1943-1945*, Milano, Edito in Proprio, 2020
- Padovani Gigi, *La liberazione di Torino*, Milano, Sperling & Kupfer Editori, 1979, pag. 166-169.
- Patricelli Marco, *Tagliare la Corda, 9 settembre 1943 Storia di una Fuga*, Solferino, 1 Settembre 2023
- Pignato Nicola, Cappellano Filippo, *Gli Autoveicoli da Combattimento dell'Esercito Italiano (1940-1945), Tomo I, Volume Secondo*, Roma, Stato Maggiore dell'Esercito, Ufficio Storico, 2002
- Pignato Nicola, Cappellano Filippo, *Gli Autoveicoli da Combattimento dell'Esercito Italiano (1940-1945), Tomo II, Volume Primo*, Roma, Stato Maggiore dell'Esercito, Ufficio Storico, 2002
- Pignato Nicola, Cappellano Filippo, *Gli Autoveicoli da Combattimento dell'Esercito Italiano (1940-1945), Tomo II, Volume Secondo*, Roma, Stato Maggiore dell'Esercito, Ufficio Storico, 2002

- Pignato Nicola, Cappellano Filippo, *Andare Contro i Carri Armati, L'Evoluzione della Difesa Controcarro nell'Esercito Italiano dal 1918 al 1945*, Gaspari Editore, 2008
- Rocco Giuseppe, *L'Organizzazione Militare della RSI: sul Finire della Seconda Guerra Mondiale*, Greco & Greco, 1998
- Rainero H. Romain, *Il Sahara Italiano nella Seconda Guerra Mondiale*, Roma, Stato Maggiore dell'Esercito, Ufficio Storico, 2011
- Riccio A. Ralph, *Italian Tanks and Combat Vehicles of World War II*, Mattioli, Aprile 2010
- Sandri Leonardo, *Raggruppamento Anti Partigiani (RAP), Reparto Arditi Ufficiali (RAU), Una Documentazione*, Milano, Edito in Proprio, 2020
- Sandri Leonardo, *La 5^ Gebirgs Division sul Fronte Italiano 1943-1945: Una Documentazione*, Milano, Edito in Proprio, 2022
- Seidler W. Franz, *Das Nationalsozialistische Kraftfahrkorps und die Organisation Todt im Zweiten Weltkrieg*, Vierteljahrshefte für Zeitgeschichte, München, Anno Numero 32, 4° Numero, Dicembre 1984
- Technical Memorandum ORO-T-269, *Allied Supplies for Italian Partisans During World War II*, Washington DC, Department of the Army, Office of the Deputy Chief of Staff for Plans and Research, 4 Febbraio 1955
- Thomas Nigel, McCouaig Simon, *Wehrmacht Auxiliary Forces*, London, Osprey Publishing, 2012
- Thomas Franz, Wegmann Günter, *Die Eichenlaubträger 1940-1945, Band II*, Osnabrück, Biblio-Verlag, 1998

▲ *Camionette Sahariane AS42* nella versione con telino parasole. Notare anche la particolare maschratura del parabrezza anteriore

TITOLI GIÀ PUBBLICATI - TITLES ALREADY PUBLISHING

BOOKS TO COLLECT

www.ingramcontent.com/pod-product-compliance
Lightning Source LLC
LaVergne TN
LVHW072119060526
838201LV00068B/4923